Le livre numérique, fils de l'auto-édition

Version 3 novembre 2013 - comprendre les enjeux de l'édition en France

Du même auteur*

Certaines œuvres sont connues sous différents titres.

Romans

La Faute à Souchon : (Le roman du show-biz et de la sagesse)
Quand les familles sans toit sont entrées dans les maisons fermées
Liberté j'ignorais tant de Toi (Libertés d'avant l'an 2000)
Viré, viré, viré, même viré du Rmi !
Ils ne sont pas intervenus (Peut-être un roman autobiographique)

Théâtre

Neuf femmes et la star
Les secrets de maître Pierre, notaire de campagne
Ça magouille aux assurances
Chanteur, écrivain : même cirque
Deux sœurs et un contrôle fiscal
Amour, sud et chansons
Pourquoi est-il venu :
Aventures d'écrivains régionaux
Avant les élections présidentielles
Scènes de campagne, scènes du Quercy
Blaise Pascal serait webmaster
Trois femmes et un Amour
J'avais 25 ans
« Révélations » sur « les apparitions d'Astaffort » Jacques Brel Francis Cabrel

Théâtre pour troupes d'enfants

La fille aux 200 doudous
Les filles en profitent
Révélations sur la disparition du père Noël
Le lion l'autruche et le renard,
Mertilou prépare l'été
Nous n'irons plus au restaurant

* extrait du catalogue, voir page 158

Stéphane Ternoise

Le livre numérique,
fils de l'auto-édition

**Version 3 novembre 2013 -
comprendre les enjeux de l'édition en France**

Essai

*L'ebook qui n'a pas besoin de mentir pour plaire à un
éditeur (même numérique)*

(table page 170)

Jean-Luc Petit éditeur

Stéphane Ternoise
versant
auto-édition :

http://www.auto-edition.com

Tout simplement et logiquement !

Le livre numérique,
fils de l'auto-édition

Novembre 2013 : révision et mise à disposition en papier.
Mai 2012 : un an après sa sortie, la version 2, avec le suivi de la grande révolution en marche et l'analyse du travail de sape des lobbies dans leurs tentatives de maintenir les privilèges des installés.
Stéphane Ternoise explore le monde de l'édition numérique dans un ebook (version papier le 21 novembre 2013) qui n'a pas eu besoin de mentir pour plaire à un éditeur. Un livre qui peut balancer la vérité sur les pratiques de ces éditeurs, le cafouillage des lois, les lobbies, les subventions et les grands enjeux du livrel. Stéphane Ternoise est auteur et éditeur indépendant depuis 1991, son expérience et son analyse permettent de comprendre l'évolution du secteur de l'édition, afin de ne pas en être les victimes. Il s'adresse donc aux écrivains, aux lectrices et lecteurs. Il explore les perspectives du milieu littéraire et propose même une solution pour un marché de l'ebook d'occasion. Un livre numérique qui dérangera naturellement des installés et pourrait occasionner un électrochoc dans l'édition française.

Sortie : 12 Mai 2011

Version 2 : 11 mai 2012

Version 3 : 18 novembre 2013 avec édition papier

Canards du Quercy

Comprendre l'évolution du secteur de l'édition, afin de ne pas en être les victimes
(aux écrivains, aux lectrices et lecteurs)

À Jim Morrison,

J'explique le lien entre l'ebook et le mythique chanteur des *Doors*... non ce n'est pas *The end* pour le livre papier !

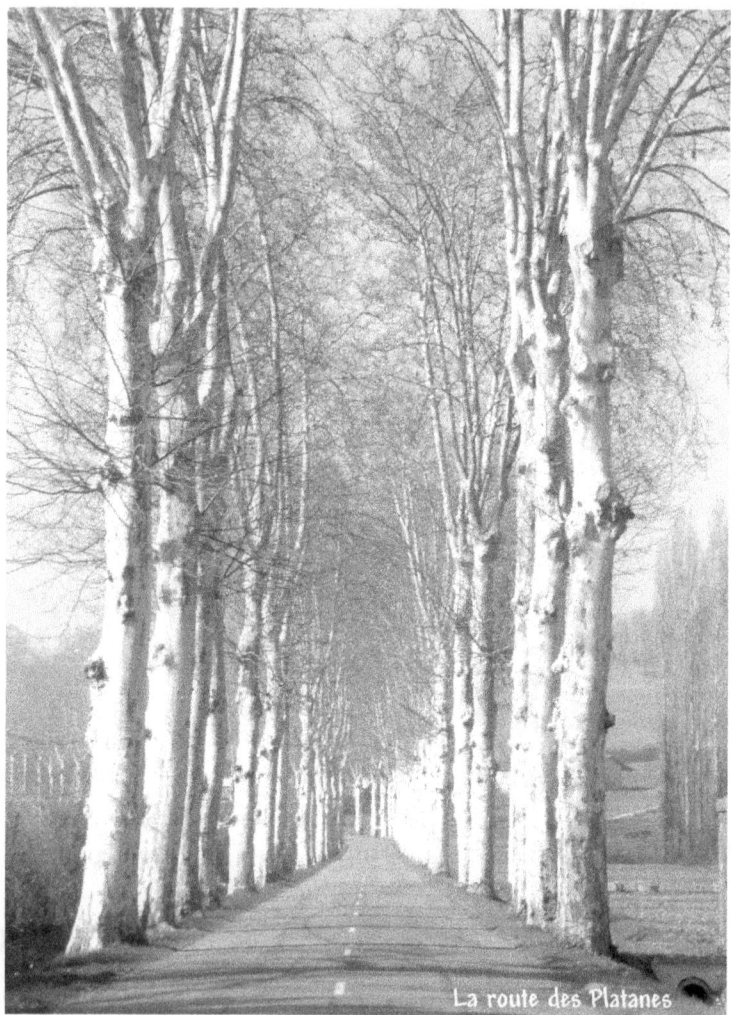

La route des Platanes

Présentation

Pour la quatrième de couverture d'un livre papier dos carré collé, j'aurais rédigé une présentation.

Il est logique de la noter en introduction de ce livre numérique.

Un ebook pour expliquer la révolution numérique en marche dans le monde de l'édition.

Aucun écrivain ne devrait redouter ce changement de support. C'est une opportunité historique : l'écrivain qui devait se contenter de 1 à 15% de droits d'auteur peut désormais prétendre atteindre 60 à 90%.

Libraires, éditeurs, distributeurs, imprimeurs, ont vécu de belles décennies en profitant du travail des écrivains. Qu'enfin la roue tourne n'est pas un drame.

Il s'agit pour les auteurs de reconquérir les revenus de leur travail (le livre de l'exploitation des écrivains par les marchands sera bientôt publiable !)

Et la disparition des intermédiaires parasites profitera aussi aux lectrices et lecteurs : n'en déplaise à certains éditeurs, un livre papier à vingt euros peut se vendre cinq euros en numérique... avec même un revenu final supérieur pour l'écrivain... Qui plus est, depuis le 1er janvier 2012, la TVA du livre numérique est à 7 % en France... 3% au Luxembourg... (2013 : 5,5 % en France)

Une révolution numérique, fille de l'auto-édition.

Le père a échoué dans son combat face à l'édition classique, faute de parvenir à convaincre les médias de son potentiel culturel, emporté dans l'anonymat par la multitude d'écrivaillons s'auto-éditant plutôt que de déchirer leurs ratures.

La fille sait qu'elle doit se méfier aussi des blogueurs aux prétentions incompatibles avec la valeur de leurs écrits mais elle sourit, en observant le vieux monde et les vieux médias convertis au web quelques années après les proclamations d'une éternelle supériorité de leur support, que ce soit le papier, la radio ou l'écran télé.

Elle regarde du côté des Etats-Unis et de l'Angleterre… Elle invente un nouveau modèle économique… Auto-édition et autopublication deviennent des termes courants. Même monsieur Gallimard les emploie.

Certes, il existe de puissants lobbies pour ne pas laisser les écrivains profiter de la révolution numérique, principalement le SNE, Syndicat National de l'édition, le CNL, Centre National du Livre, les CRL, centre régionaux du livre, et le SDLC, Syndicat des distributeurs de loisirs culturels.
Et désormais la Sofia, dont l'oligarchie semble vouloir lui obtenir un pouvoir dans l'édition calqué sur celui de la sacem dans la musique.

Les majors musicales se sont crues des forteresses imprenables… La révolution numérique du livre venant après celle de la musique, les écrivains peuvent éviter de répéter les fatales erreurs de leurs confrères.

Stéphane Ternoise, avril 2011 – novembre 2013
http://www.auto-edition.pro
Et *naturellement*
http://www.autopublication.pro

Préface

Si vous croyez au livre numérique...

Si vous croyez au livre numérique, évitez de signer chez un éditeur, même 100% numérique !

Non, ce n'est pas de la provocation. Juste : le prix du livre numérique étant appelé à se stabiliser très bas, si vous partagez les bénéfices avec un éditeur, vous aurez des difficultés à en vivre.

- Oui mais si un éditeur me permet de vendre 5000 ebooks contre 250 si je reste indépendant ?

Nous sommes en 2012 (2013, 2014...) et les cartes se distribueront vraiment durant cette décennie.

Si nous, les écrivains, perdons le combat du livre numérique, effectivement un jour ce raisonnement sera malheureusement une triste réalité. Mais nous ne sommes pas condamnés à la défaite. Même si les premiers indicateurs ne sont guère optimistes.

Nous sommes à ce stade crucial où le modèle économique se met en place et les écrivains risquent de se retrouver dans une web situation inconfortable d'ici quelques années s'ils laissent les marchands, les installés, instaurer leurs règles.

Osez l'indépendance. Osez l'auto-édition à l'ère du numérique.

En 1991, déjà, j'osais l'indépendance, l'auto-édition, auteur-éditeur, travailleur indépendant. C'était trop tôt d'un point de vue carrière littéraire : j'en ai payé le prix de cette indépendance, dans un environnement de médias liés au monde de l'édition classique. Ils se tenaient par la barbichette. L'auto-édition était même assimilée au compte d'auteur. Mais cette expérience fut précieuse aux balbutiements du net francophone : http://www.auto-edition.com, créé en l'an 2000, est devenu une référence, resté debout, leader, même après une assignation au Tribunal de Grande Instance de Paris, 17eme chambre, celle de la presse, par une société pratiquant le compte d'auteur.

Ce qui se fait aujourd'hui, l'état du marché de l'ebook, n'est pas l'essentiel. Certains se déchirent pour imposer leur état des lieux mais l'ambition de ce livrel est ailleurs : il s'agit de comprendre les choix devant les écrivains, les éclairer pour leur permettre de ne pas tomber dans des pièges. Et apporter, aux lectrices et lecteurs, des arguments pour refuser d'être roulés dans la farine par des éditeurs qui voudraient imposer un tarif indécent au livre numérique, un prix qui leur permettrait de conserver la mainmise sur ce milieu.

Nous (écrivains, lectrices et lecteurs) sommes indispensables, ils sont des prestataires de services.

Presque comme un roman…

Cet essai n'est pas structuré en grandes parties, genre législation, témoignages, propositions, formats, outils, distribution, vente directe... J'ai souhaité le faire vivre, presque comme un roman… Essayant d'apporter les réponses au moment où le lecteur se les posera, ou pas longtemps après… Il met en perspective les enjeux et va à l'essentiel.

N'oubliez pas : si vous souhaitez (re)trouver une information sur un domaine, il vous suffit de rechercher le terme… nous sommes dans le numérique et plus besoin de retenir des numéros de pages ! (ma version papier en 2013 vous semble incohérente ? Il faut, parfois, dépasser ce genre d'argument ! Et dans ce cas, le papier peut permettre de toucher un lectorat encore "réticent" au numérique)

Simenon aurait sûrement opté pour le livre numérique...

En 1998, dans la postface du roman *Liberté, j'ignorais tant de Toi*, j'expliquais ma démarche d'auteur éditeur.

Je notais ainsi :
> « J'approuve Simenon quand la notoriété lui permettait de déclarer impunément :
> *'Je déteste que l'écrivain soit frustré d'une grosse partie de son travail et du fruit de son travail par des gens qui gagnent beaucoup plus que lui-même. Vous connaissez beaucoup d'éditeurs qui ont des châteaux, des hôtels particuliers etc ; voulez-vous compter sur les doigts le nombre d'écrivains qui en ont ?'* »

Nul doute que Georges Simenon aurait perçu dans l'ebook la possibilité d'éjecter les parasites de ses œuvres. Mais quel écrivain à l'audience simenonienne osera ? La peur des représailles du circuit médiatique qui entoure la littérature, retiendra sûrement encore longtemps les installés. Ils continueront à gémir dans les allées des salons du livre mais s'accrocheront à leurs contrats d'édition.

Certes, certains « écrivains médiatisés », qui n'auront pas trouvé de contrat d'édition (sûrement auront-ils vendu moins de 5000 exemplaires de leur précédent livre) essayeront de se prétendre en édition numérique par indépendance... le plus souvent en signant avec « un éditeur 100% numérique », ravi de cette opportunité lui permettant d'obtenir du média et réaliser un chiffre d'affaires nécessaire à sa survie (quant à l'écrivain en contrat avec un éditeur 100% numérique, il attendra ses droits d'auteur avec la même inquiétude qu'avant et les recevra sûrement avec une déception similaire)

Amazon est parvenu à capter quelques plumes auxquelles leur éditeur papier ne semblait plus vraiment faire confiance...

Dépôt légal des livres numériques

Même si les officiels ne peuvent plus ignorer Internet ni les ebooks, on sent un blocage. Il n'existe pas de véritable équivalent numérique au dépôt légal du livre papier.
Certes, la BNF, Bibliothèque Nationale de France, a bougé mais pour un résultat décevant.

Cas des livres numériques (e-books)

Le dépôt légal concerne les e-books ou livres numériques, termes utilisés pour désigner un objet numérique ressemblant en partie à une monographie imprimée sur papier et diffusé en ligne.

Seul le contenu (le texte numérique ainsi que les fonctions d'annotation, les outils interactifs, etc.) est visé par le dépôt légal, et non l'outil de lecture ou tablette.
Les modalités de dépôt sont celles du dépôt légal de l'Internet, prévues par le Code du patrimoine (art. L.131-2, L.132-2, L.132-2-1).
L'éditeur n'a aucune démarche active à effectuer auprès de la BnF.

Si la diffusion d'un livre numérique coexiste avec une version sur support papier ou électronique, celle-ci reste soumise à l'obligation de dépôt légal.
Un type de dépôt ne se substitue pas à un autre

http://www.bnf.fr/fr/professionnels/depot_legal/a.dl_sites_web_mod.html

Alors, ça se passe comment, ce dépôt légal des ebooks ?

Contrairement au dépôt légal traditionnel (des publications imprimées ou sur support audiovisuel, par exemple), le dépôt légal des sites Web n'implique aucune démarche active de la part de l'éditeur. Les collectes se font de manière automatique à l'aide du robot Heritrix, logiciel libre développé au sein du consortium IIPC, qui fonctionne comme les robots indexeurs des moteurs de recherche. Si tout ou partie du site est inaccessible au robot de capture pour des raisons techniques (base de données, contenu protégé par mot de passe, formulaire d'accès...) ou commerciales (contenu payant, abonnement ...), la BnF est susceptible de prendre contact avec l'éditeur au cas par cas pour trouver des solutions techniques afin d'améliorer la collecte du site.

Même page de la BNF

Ainsi, cet ebook, s'il était simplement envoyé après paiement mais non consultable sur un site, ne serait sûrement pas repris dans ce « dépôt légal. » La BNF précisant d'ailleurs :

« La BnF ne peut garantir l'exhaustivité de ses collectes de l'Internet, compte tenu de la masse et de l'organisation des données en ligne. Elle procède par échantillonnage, selon des critères visant à assurer la meilleure représentativité possible. Plusieurs collectes se déroulent pendant l'année et, à chaque connexion, le robot d'archivage s'identifie directement auprès des serveurs de l'éditeur.

Si l'éditeur souhaite que son site Web soit ajouté à l'une des prochaines collectes, il doit adresser une demande par courriel. »

Mes ebooks, distribués par *Immateriel*, sont repris par le grand robot d'archivage.

La protection contre le plagiat du livre numérique

Contrairement au dépôt légal à la BNF du livre papier, le prétendu dépôt légal des livres numériques de la BNF ne peut donc pas être considéré comme une protection totale contre le plagiat (il ne pourrait donc pas prouver une date de création devant un tribunal).
Surtout si l'ebook n'est pas en accès gratuit.
Mais heureusement, il n'est plus nécessaire de payer une somme considérable pour déposer chez un huissier son manuscrit. Pour moins de dix euros de nombreux sites Internet permettent cette protection.
Il suffit par exemple de rechercher « protection copyright » sur un moteur de recherche.

Vous pouvez, le plus souvent, acheter un dépôt (une dizaine d'euros) ou un pack de plusieurs dépôts, le prix au dépôt sera alors moindre.
Mon dernier achat (utilisé pour ce livre) est un pack de 10 dépôts pour 69 euros TTC (soit 5,77 euros HT pour un dépôt, soit moins qu'un auto-envoi postal en Lettre Recommandée du manuscrit).

Un dépôt permet (vérifiez sur le site choisi qu'il accorde au moins ces services) : l'envoi des documents à un Huissier de Justice (les coordonnées de l'Huissier seront communiquées mais la publicité pour ce professionnel est interdite) qui les conservera durant trente ans ; une protection légale à vie + 70 ans (Code de la Propriété Intellectuelle) dans 164 pays (ceux de la convention de Berne), un certificat de dépôt, un constat d'Huissier gratuit en cas de procès.

ISBN des livres numériques

ISBN, pour International Standard Book Number. Il s'agit du système international de numérotation des livres, qui permet d'identifier un titre publié par un éditeur. Un numéro ne peut servir qu'une fois.

En France, l'AFNIL (Agence Francophone pour la Numérotation Internationale du Livre) attribue, depuis 1972, les listes d'ISBN et EAN (codes à barres) aux éditeurs français, belges ou des pays d'Afrique francophone qui en font la demande.
Le 1er janvier 2007, les ISBN, qui comptaient 10 chiffres, sont passés à 13 chiffres, l'ISBN-13.

Les livres numériques sont désormais considérés comme de vrais livres par l'afnil et des ISBN sont attribués aux e-books : la norme ISBN révisée précise que le système ISBN s'applique à n'importe quelle forme de publication monographique, y compris les e-books.
Chaque format différent d'un e-book doit posséder son propre ISBN. De la même manière que l'ISBN distingue l'édition reliée de l'édition brochée d'un titre, la chaîne de commercialisation requiert un ISBN distinct pour identifier chacun des différents formats dans lesquels un e-book peut être commercialisé.

Je possédais un identifiant éditeur avec 100 numéros ISBN, et je publie encore des livres au format papier. J'ignore donc « comment ça se passe », quand un nouvel auteur demande à l'Afnil des numéros ISBN pour publier un ebook. J'aimerais recevoir des confidences ! Mes 100 numéros ISBN utilisés (c'est rapide quand il faut pour chaque ebook un numéro pour le PDF, un pour Itunes, un pour Amazon), l'Afnil m'a envoyé après un simple mail un nouvel identifiant valable pour 1000 publications, avec la liste des 500 premiers codes ISBN + EAN.

Il est toujours précisé sur le site de l'AFNIL, qu'elle n'attribue pas de numéros ISBN aux publications qui ne sont pas soumises à l'obligation du dépôt légal (travaux d'impression dits de ville, de commerce ou administratifs, documents électoraux mentionnés aux articles R26, R29 et R30 du code électoral) ni aux documents imprimés à moins de 100 exemplaires, aux mémoires, thèses et actes de colloques non publiés.

Vous pouvez joindre l'AFNIL au 35 rue Grégoire de Tours - 75279 Paris Cedex 06

Téléphone : 01 44 41 29 19
Fax : 01 44 41 29 03.

Courriel : afnil@electre.com

Des lois pour le livre numérique

La TVA à 5,5%, ça devait être pour le 1er janvier 2012... et ce fut finalement une TVA à 7%. Histoire...

François Baroin, ministre du Budget, après avoir prétendu qu'une TVA réduite sur le livre numérique était « *contraire au droit européen* », est revenu sur le sujet en soutenant une « *certaine exception française en matière culturelle.* »

Entre temps le Sénat avait adopté, le lundi 22 novembre 2010, trois amendements au projet de loi de finances pour revoir le taux de TVA, alors à 19,6%.
Le sénateur Jack Ralite avait défendu l'ebook « *toujours un texte, une œuvre de l'esprit à laquelle un taux réduit doit s'appliquer.* »

La commission mixte paritaire députés - sénateurs a validé l'application de cette TVA sur le livre numérique mais en a reporté la mise en œuvre au 1er janvier 2012.

Ce coup de rabot à la TVA ne fut pas immédiatement traduit en baisse des prix des ebooks chez les installés : comme pour les restaurateurs, qui ont aussi obtenu la TVA au taux réduit, alors à 5,5%, les marchands sont... des marchands... Et surtout, les éditeurs ont détourné le sujet, en maudissant le passage du taux réduit de 5,5% à 7%, son effet sur le livre en papier... (les taux évolueront, les installés obtiendront d'autres lois pour essayer de se protéger d'Amazon et des vilains auto-édités peu soucieux de leur confort de vie...)

Le prix unique du livre numérique… une loi qui ne nous concerne pas vraiment… mais qu'il faudra suivre…

Une loi qui apporte une preuve supplémentaire du poids des lobbies dans le monde du livre.

Mardi 15 février 2011, les députés ont adopté un texte établissant un prix unique pour les livres numériques, reprenant l'esprit de la loi Lang (1981) pour les livres papier. « Naturellement », ce prix de vente unique, décidé par l'éditeur, devait s'imposer à tous, mais la Commission Européenne ayant émis des réserves sur cette disposition, il ne s'appliquera pas aux plateformes établies hors de France. Ce ne sont naturellement pas les auteurs ni les éditeurs qui se sont scandalisés en premier mais les marchands.

Dans *Le Figaro* du 15 février 2011, *Prix Unique du Livre numérique : oui mais pour tous !*, une tribune d'Alexandre BOMPARD, Président directeur général de la FNAC, Philippe VAN DER WEES, Président directeur général de CULTURA, Jean-Louis RAYNARD, Président directeur général de VIRGIN STORES, Pierre COURSIERES, Président du Directoire de FURET DU NORD, Guillaume DECITRE, Président directeur général de DECITRE et Jean-Luc Treutenaere, Président du SDLC, le Syndicat des Distributeurs de Loisirs Culturels.

Ils prétendent craindre « *un risque de concentration à court terme du marché du livre entre les mains d'acteurs étrangers et une dépendance du consommateur comme des éditeurs à leur égard.* » Ho ! Quel aveu ! Donc ce ne serait pas bien que les consommateurs comme les éditeurs soient placés dans cette dépendance… c'est reconnaître que les chaînes de distribution ont pris le pouvoir ? Les consommateurs comme les éditeurs ne sont pas dans une dépendance vis-à-vis de ces enseignes ? Editeur indépendant, mes livres sont vendus chez eux ? (Il convient de passer par un distributeur référencé pour avoir une chance d'apparaître dans les points de vente) La rhétorique de l'ennemi de l'étranger fonctionne encore !

Ces braves gens prétendent craindre « *un appauvrissement de la création éditoriale par le développement non maîtrisé du livre numérique au détriment du livre papier conduisant, dans un contexte de baisse de prix, à l'impossibilité de rémunérer correctement les auteurs et toute la chaîne éditoriale.* » Ils se sont un jour souciés de la rémunération des auteurs ? Peut-être faudrait-il aussi scander : vive le développement « maîtrisé » par ces gens-là ? Faut-il comprendre qu'ils souhaitent pouvoir maintenir des tarifs élevés au livre numérique afin de maintenir leur lucratif commerce du livre papier ?
Ces quasi autoproclamés philanthropes prétendent craindre *« une disparition programmée de librairies qui maillent le territoire français et favorisent l'accès au livre et à la culture : celles-ci seraient dans l'impossibilité de lutter contre les pratiques commerciales prédatrices d'acteurs étrangers tout puissants.* » Oui, ce sont les patrons de ces enseignes qui écrivent cela ! Certes, dans *Le Figaro*. Fnac et petites librairies, même combat ! Tous unis contre le pouvoir d'achat des écrivains !

Face à la vague d'indignation des installés, le 29 mars 2011 le Sénat réintroduisait la clause d'extra-territorialité !

Grand écart pour Frédéric Mitterrand, à quelques semaines d'intervalle. Certes, il ne risque pas de perdre sa crédibilité de Ministre dans cette affaire (des apprentis écrivains ne parviendront pas à saisir le sens de cette phrase, ce n'est pas une raison pour l'autocensurer).
D'abord, excluant, en février, par pragmatisme, les distributeurs implantés à l'étranger : « *En l'état actuel du droit communautaire, appliquer le présent texte au-delà*

de nos frontières irait frontalement à l'encontre de l'objectif recherché.

Cela reviendrait, non pas à établir un cadre juridique serein pour la filière, mais à créer, au contraire, un contexte d'insécurité juridique. »

Le même, le 29 mars 2011, au Sénat : « *Il est normal que les éditeurs puissent contrôler la valeur du livre quel que soit le lieu d'implantation du diffuseur.*

Il faut que la compétition se joue à armes égales : il serait paradoxal que certaines plates-formes échappent à la régulation. Nous savons que le contrat du mandat restreint l'autonomie du détaillant mais il a fait ses preuves aux États-Unis.

La Commission Européenne a rendu deux avis très réservés sur cette proposition de loi. Le Gouvernement entend promouvoir le dialogue avec les institutions européennes. Il fera valoir que la loi sur le prix unique du livre numérique répond à la préoccupation de diversité culturelle. Je défendrai l'idée que le livre demeure un objet culturel singulier et je signalerai mon étonnement devant la disproportion des moyens déployés alors que le livre numérique émerge tout juste. »

Madame Colette Mélot, rapporteur de la commission de la culture, toujours le 29 mars 2011, dans le même débat, confirme implicitement la présence de puissants lobbies :

« *C'est parce que les parlementaires en sont bien conscients qu'ils souhaitent adopter une régulation adaptée de ce nouveau marché afin de promouvoir la diversité culturelle et linguistique, d'assurer une concurrence loyale permettant la survie des libraires physiques et de respecter le droit d'auteur. »*

Juste avant, monsieur Frédéric Mitterrand, ès ministre de la culture et de la communication, déclarait :

« Nous célébrons en 2011 les 30 ans de la loi relative au prix unique du livre, cette loi qui, selon Jérôme Lindon, n'était pas tant une question juridique ou économique qu'une "affaire de civilisation."
Nous savons le rôle joué par cette loi : grâce à elle, 3 500 libraires indépendants ont survécu. La loi Lang du 10 août 1981 a inspiré près de la moitié des pays européens, n'a pas eu d'effets inflationnistes et s'est révélée compatible avec un large éventail de tarifs.

Notre responsabilité collective est de faire perdurer cette loi à l'heure de livre numérique. »
http://www.senat.fr/cra/s20110329/s20110329_21.html

Il est impératif de sauver des libraires objectivement condamnés !

Retour au Parlement où, le 7 avril, l'Assemblée Nationale adopte une nouvelle version : exit clause d'extra-territorialité mais interdiction de vendre moins cher que le prix fixé pour les marchands français. Cette tournure serait conforme au droit européen.

Article 3

« Le prix de vente, fixé dans les conditions déterminées à l'article 2, s'impose aux personnes établies en France proposant des offres de livres numériques aux acheteurs situés en France.

Est nul et réputé non écrit toute contrat ou toute clause autorisant la vente d'un livre numérique à un prix de vente inférieur à celui fixé dans les conditions déterminées à l'article 2. »

Nous verrons surtout les réaction face à l'Article 5 bis :

« Le contrat d'édition garantit aux auteurs, lors de la

commercialisation ou de la diffusion d'un livre numérique, que la rémunération résultant de l'exploitation de ce livre est juste et équitable. L'éditeur rend compte à l'auteur du calcul de cette rémunération de façon explicite et transparente. »

Ce texte fut naturellement renvoyé à la commission paritaire Sénat - Assemblée Nationale du 12 mai... et validé... Ensuite le taux réduit passant à 7%, nous n'avons jamais eu droit au 5,5% que les libraires se sont indignés de perdre pour le livre en papier, arguant que cette hausse mangeait leur marge. Le livre papier n'est passé à 7% que le 1er avril 2012 (5,5% en 2013).

Cette approche du prix unique ne nous concerne pas vraiment : ils organisent un réseau de ventes sur internet comme une simple reproduction de celui du livre papier, avec « **une dépendance** » vis-à-vis des marchands. Ils essayent de régir l'avenir avec les vieux raisonnements du livre papier. Ce n'est finalement guère surprenant quand on observe le parcours de nos élus, leur implication dans l'Internet en général et le poids des lobbies : ils n'ont rien compris à la révolution du net. Notre unique chance est d'autogérer le marché de nos livres. Même sans le soutien des parlementaires, nous avons une possibilité historique d'y parvenir !

Une hypothèse intermédiaire semble s'installer et convenir : un seul intermédiaire entre nous (auteurs éditeurs) et le site de vente, un edistributeur à la marge décente : les 10% d'*Immateriel.fr* son justifiés et corrects. Ensuite, la grande question est celle de la visibilité : même à 14,99 euros, Marc Levy obtient plus de visibilité sur les plateformes numériques que *Peut-être un roman autobiographique* pourtant à moins de cinq euros et de qualité peut-être pas inférieure...

Autant que le prix de vente, la marge exigée par les intermédiaires est essentielle pour les éditeurs... Mais pas un parlementaire pour proposer un texte sur les marges abusives pratiquées par des professionnels en situation de force…

Une entente entre les "grands éditeurs" pour imposer un tarif élevé au livre numérique français est-elle à craindre ? Finalement, cela ne serait pas une si mauvaise nouvelle ! Avec nos livres à un tarif décent, nous capterions sûrement des internautes… si nous parvenons à être visibles…

Comme cette notion de tarif décent sera prétendue discount, j'invite les écrivains à rejoindre l'univers ebooks discount :
http://www.ebooksdiscount.fr

La TVA sur l'ebook à 7% ne signifie pas grand-chose pour l'instant, Amazon et Itunes réalisant la majorité des ventes : en même temps que nous passions à un taux réduit, le Luxembourg a adopté un taux de 3%, dont bénéficient ces sociétés. En 2015, l'application du taux du pays où vit l'acheteur devrait s'appliquer.

Début 2011, la Commission Européenne enquêta sur une possible entente sur ces prix...

La Commission Européenne a même mené, le 1er mars 2011, des perquisitions dans des maisons d'éditions de plusieurs pays.
Des maisons soupçonnées d'entente sur les prix des livres numériques.
Recherche de preuves de pratiques anticoncurrentielles.
« Les services de la concurrence ont mené mardi des inspections dans des maisons d'éditions de plusieurs pays de l'Union Européenne à cause de soupçons de pratiques anticoncurrentielles sur le prix des livres numériques...
Nous ne nommons pas les maisons d'édition ni les pays, car nous ne sommes qu'au début de l'enquête. »
> (Amelia Torres, porte-parole du commissaire à la Concurrence Joaquin Almunia)
Selon le site o1.net : Albin Michel, Hachette, Flammarion et Gallimard.

Francis Esmenard, président d'*Albin Michel*, a implicitement reconnu en accusant Amazon :
« Cette opération est téléguidée par Amazon. Ils se sont installés au Luxembourg pour ne pas payer la TVA en France et ils voudraient pouvoir vendre les livres à n'importe quel prix comme ils le font aux Etats-Unis, en proposant des best-sellers à 9,90 dollars. »

9,90 dollars, c'est cher, monsieur ?... Mais non, je sais bien, monsieur Esmenard préférerait 20 euros ! (6 euros pour Amazon, 1 pour l'Etat via la tva, 2 pour l'écrivain et 11 pour l'éditeur ?)

Quand Alain Beuve-Méry, pour LE MONDE du 18 avril 2012 demande *"quel est le juste prix d'un e-book ?"* à

Arnaud Nourry, PDG d'Hachette Livre, il répond : « *le marché a montré que le consommateur est prêt à payer entre 12,99 et 14,99 dollars. Nous avons fait des études de marché aux Etats-Unis comme en France, qui montrent que l'écart raisonnable entre le numérique et le papier est de 30 % à 40 %. On nous a reproché d'avoir refusé le prix uniforme qu'Amazon voulait imposer à 9,99 dollars. Ce prix nous a paru incompatible avec le maintien de la diversité de création, et celui d'un réseau de revendeurs traditionnels. 9,99 dollars est un prix à comparer à celui du livre papier, de 28 à 30 dollars. Est-ce sérieux pour un revendeur de brader à 9,99 dollars un livre qui en vaut 30 ? Je vous laisse trouver la réponse.* »

Sur le sujet précis de ce chapitre, Arnaud Nourry résuma début 2013 : « *Un des défis de 2012 était de continuer à contrôler le prix de vente public de nos e-books aux États-Unis et au Royaume-Uni de façon à protéger nos marges, malgré la pression exercée par les plates-formes de vente par Internet. Cette politique, pratiquée par tous les groupes d'édition internationaux, a été contestée par le Département américain de la Justice et par la Commission européenne, qui y ont vu une tentative d'entente sur les prix.*
Un accord à l'amiable a permis de mettre fin au contentieux. »

Pour l'Europe, Simon & Schuster (CBS Corp, États-Unis), Harper Collins (News Corp, États-Unis), Hachette Livre (Lagardère Publishing, France) et Verlagsgruppe Georg von Holtzbrinck (propriétaire de MacMillan, Allemagne) se sont engagés à renoncer aux clauses qui empêchaient la concurrence sur le prix des livres électroniques... dans les pays où le prix n'est pas réglementé.
Le cœur du problème n'est pas le prix des ebooks mais leur contrôle du marché du livre en papier. Qui sera assez

puissant pour demander au parlement français et à l'union européenne de se pencher sur l'absence dans les 25 000 points de vente du livre papier des véritables indépendants ? (les faux indépendants passent par les majors du bouquin)

Le marché du livre numérique en France

> Le livre numérique n'est pas encore un marché significatif en France (30 à 40 millions €, soit 1 % du chiffre d'affaires de l'édition, essentiellement sur support physique de type CD/DVD)
> http://www.sne.fr/informations/livre-electronique-03-09.html
> 13 mars 2009.

Ce qui n'est donc pas le chiffre des ventes d'ebooks ! Mais il permet de déduire la minceur de ce marché.

Aujourd'hui, le marché du livre représente 5 milliards. C'est loin d'être anecdotique. Avec la révolution numérique, nous sommes face à un trou législatif. Aux États-Unis, le livre numérique représente 10 % du marché, contre 2 % chez nous.
M. David Assouline, vice-Président de la commission de la culture, de l'éducation et de la communication, membre du groupe Socialiste, au Sénat, le 29 mars 2011.
http://www.senat.fr/cra/s20110329/s20110329_21.html

Quant à M. Serge LAGAUCHE, sénateur du Val-de-Marne, vice-Président de la commission de la culture, de l'éducation et de la communication, membre du groupe Socialiste, le même jour au même endroit, il lançait les chiffres du futur : « *Le marché du livre numérique devrait représenter 17 % du marché mondial de l'édition d'ici 2014. Ceux qui ne lisent qu'un livre par an auront basculé vers le livre numérique.* »
Quant à l'étude Bain et company, d'octobre 2010, elle évoque un chiffre de 15 % à 25 % du chiffre d'affaires de l'édition en 2015 pour le numérique.

Le 8 mars 2012, l'Observatoire de l'économie du livre du Service du livre et de la lecture de la DGMIC (direction générale des médias et des industries culturelles), dans son annuel communication des Chiffres clés du secteur du livre, notait une relative stabilité du secteur du livre en 2011 : « *selon les instituts, les achats de livres des ménages ont été stables ou en très léger recul (de -1,0 % à +0,6 %).* »

Mais pour les VENTES DE LIVRES NUMÉRIQUES DES ÉDITEURS, il s'agit des chiffres 2010 : 52,9 M€ HT (2,0 % du CA ventes de livres) dont ouvrages sur supports physiques 35,0 M€ HT (1,3 % du CA) et livres numériques et livres audio (en prix de cession éditeur) dont ouvrages en téléchargement 17,9 M€ HT (0,7 % du CA)

Source : SNE, enquête de branche, résultats bruts sur 50 répondants.

Il est assez surprenant qu'il faille en mars 2012, se contenter des chiffres 2010. Mais c'est ainsi ! Et il s'agit des chiffres du SNE, donc sans auto-édition.

Alors, quels sont les chiffres 2012 ? Forte hausse... pour moi... qui a débuté en août, s'est accentuée en octobre avec l'arrivée du Kindle et depuis la croissance est régulière même si les ventes restent faibles. Quelques centaines pour des ebooks parfois classés dans le top 100 d'Amazon Kindle.

Fin mars 2012, les éditions Bragelonne ont annoncé fêter leurs 100 000e ebooks vendus.

Alain Beuve-Méry ayant demandé « *quand le numérique va-t-il faire jeu égal en termes de chiffre d'affaires avec le livre papier ?* » au PDG d'Hachette Livre, Arnaud Nourry a répondu pour LE MONDE du 18 avril 2012 : « *Aux Etats-Unis, dans trois à cinq ans, peut-être. J'observe toutefois que la courbe de croissance n'est plus la même qu'il y a deux ans et donne l'impression d'atteindre un plafond à 35 %-40 % plutôt qu'à 50 %. En France, si nous arrivons à maintenir un réseau de revendeurs tel que la loi Lang (qui établit le prix unique du livre) nous a permis de le faire jusqu'ici, je serais très étonné que le livre numérique dépasse 15 % à 20 % à un horizon proche. »*

Les chiffres les plus récents : selon le SNE, seulement 3% en 2012... mais ce sont les chiffres du SNE ! Pour les indépendants, comme moi, c'est plus proche du 50% ! Mais je suis privé des 25 000 points de vente du papier, tenus par les installés. Peu importe les chiffres pourvu qu'on ait la direction ! (non, ce n'est pas une raffarinade)

Dans un marché balbutiant, des places se gagnent parfois sans budget promotionnel énorme. C'est mon défi. Cette ambition peut être celle de nombreux auteurs...

Etude sur le livre numérique : le Bief

Le Bief, Bureau international de l'édition française, organisme chargé de promouvoir l'édition tricolore à l'étranger, souhaitant sûrement rassurer nos éditeurs, a mené une enquête, auprès des professionnels du livre, de Londres à Munich, en passant par Barcelone, New York, Milan, Madrid, Sao Paulo et même Tokyo, afin d'analyser le nouveau marché de l'ebook.

Etude intitulée : *Les achats et ventes de droits de livres numériques : panorama de pratiques internationales.*

Naturellement, la primeur des chiffres fut accordée au CNL, le lundi 7 mars 2011. Un peu partout, ça s'annonce mal pour les écrivains : les droits numériques ressemblent de plus en plus aux droits papier.
Ainsi les droits numériques sont désormais acquis en même temps que les droits papier, dans les contrats d'édition (ce n'est guère surprenant).

Le taux moyen des droits d'auteur est intéressant : 25% du revenu net de l'éditeur. Pas d'euphorie à ce « 25% » : l'éditeur gagne quatre fois plus que l'écrivain ; ce n'est pas 25% de droits d'auteur.
Imaginez donc : si la vente est au tarif décent de 3,99 euros TTC, soit 3.87 HT sur Amazon. Si l'éditeur reçoit 62%, soit 2,32 euros, il reversera à l'auteur un quart de cette somme, soit 58 centimes.

On comprend donc que pour parvenir à des droits d'auteur moins ridicules, ces éditeurs ne voient qu'une solution : imposer un prix de vente élevé.

Au sujet de la décote par rapport au prix du livre imprimé, le Bief fournit des chiffres : 20 % en Allemagne, 30 % en

Espagne, 30 à 40 % en Italie, 20 à 30 % au Japon, 10 à 30 % au Brésil, jusqu'à 50 % aux Etats-Unis.

En France, le SNE est clair, c'est presque une recommandation : aucune raison que l'ebook soit moins cher que le livre papier.

Peut-on revendre un livre numérique ?

L'idée qu'un acheteur puisse revendre un livre numérique semble scandaleuse !

Mais quand vous achetez un de mes ebooks, vous pouvez le revendre ! Sous conditions, naturellement...

Je suis surpris qu'on puisse demander de l'argent pour un objet et prétendre que cet objet n'a plus aucune valeur car il est interdit de le revendre.

Qu'on puisse revendre un livre numérique acquis ne me choque pas.

Qu'on puisse interdire la revente d'un livre numérique me choque.

Certes, autoriser la revente n'est pas accepter qu'une personne fasse commerce de mes livres.

Certes, il convient de fixer des règles.

Alors, comment contrôler que l'internaute ne revendra pas neuf cents fois un ebook ?

Je demande que soit bien précisé dans l'annonce ou sur le site, qu'il s'agit de LA REVENTE d'un livre acheté sur http://www.ecrivain.pro, conformément aux conditions générales fixées par l'écrivain éditeur.

Oui, je sais, c'est compliqué, l'honnêteté n'est pas assurée. Mais ce n'est pas une raison pour que je prenne cinq euros et qu'ensuite j'interdise à la personne d'en récupérer deux, trois ou quatre.

Et mes règles pourraient peut-être créer un nouveau modèle économique de l'ebook d'occasion : quand vous achetez UN EXEMPLAIRE, vous pouvez le revendre CINQ FOIS, à condition de me reverser la moitié du revenu de ces ventes. Ainsi, les éditeurs ou auteurs qui crient au loup du vol des droits d'auteur n'ont plus d'argument !

Vous achetez cinq euros l'ebook *ILS NE SONT PAS*

INTERVENUS et vous revendez cinq copies à quatre euros. Vous percevez donc vingt euros et m'en restituez dix. Vous aurez donc lu le roman en réalisant un petit bénéfice. Des sommes citées, il convient naturellement de retirer les frais bancaires mais là n'est pas l'essentiel : personne n'est lésé, nul n'est perdant.

Sauf toi, l'écrivain éditeur, hurleront encore certains ? Car si j'avais vendu ces cinq copies directement, ce n'est pas dix euros qui me seraient parvenus mais vingt-cinq.

Je crois pourtant que le travail de promotion de la revente, mérite compensation ! Et de toute manière, je sais bien : les grandes structures refuseront ce modèle économique. Peu importe, ce sera le mien et celui de qui l'adoptera ! Modèle économique de Ternoise de l'ebook d'occasion.

Un an après cette proposition, elle reste virtuelle. J'ai suivi la logique économique qui privilégie les prix bas, en adoptant le plus souvent 0,99 euro, 1,99 euro ou 2,99 euros. Mais néanmoins, je maintiens la faisabilité de l'organisation d'un marché de l'occasion des ebooks.

L'ebook indépendant sera coulé par la médiocrité ?

Ce fut l'arme fatale contre l'auto-édition : comme aucun comité de lecture ne valide les livres, n'importe quel écrivaillon peut se prétendre écrivain, donc ce secteur de la médiocrité est à ignorer, mépriser.

Organisateur du prix littéraire salon du livre du net http://www.salondulivre.net, j'en ai reçus, des bouquins illisibles, sortis en auto-édition ou compte d'auteur. Mais il suffit d'entrer dans une librairie (ou la zone *livres* d'une grande surface) pour constater que l'édition papier publie également tout et n'importe quoi.

Certes, que répondre quand on reçoit un message :
« bj j'ai reçut un refus de publication d'un editeur puis j'ai ecirs aun second * nom éditeur en ligne * qui on accepter mon livre vont me le publier contre 450e qui pensez vous d'eux ?? »

Nul doute que cet « écrivain en herbe » choisira l'édition numérique un jour ! Le livre numérique sera certes submergé par les ebooks insignifiants… mais, insistons, niveau livres insignifiants, nos « grands éditeurs » ont prouvé leur capacité à descendre bien bas dans le caniveau, pourvu que le nom sur la couverture augure de ventes conséquentes.

Ce n'est naturellement pas une grande nouvelle pour la littérature : en 2009, aux USA, le nombre des livres auto-édités a dépassé celui des livres édités par des maisons d'édition. Mais c'est ainsi : quasiment tout se publiera ; plus besoin d'être une star pour parvenir à publier des âneries. Mars 2012 : un semestre de suivi de la boutique Kindle et dans une tribune "*des écrits de qualité contestable plébiscités : les romans de gares numériques triomphent début 2012*" je suis revenu sur ce sujet.
http://www.ecrivain.pro/ventekindle20120312.html

Je l'avoue : je suis effaré par la "qualité" d'écriture des "œuvres" plébiscitées par le top 100 de la boutique Amazon Kindle.

Il suffit d'une vague intrigue policière et le (mauvais) tour semble gagnable ! Certains balancent même en séries.

À croire que les possesseurs du Kindle pensent encore nécessaire une exigence limitée avec les ebooks à bas prix.

(mais finalement, dans le livre papier, le même phénomène prévaut)

Ce qui scinde le marché en deux : les œuvres de qualité chez les "grands éditeurs" en papier (ou en numérique quasiment aussi cher) et les textes de seconde zone en autopublication auto-édition éditeur 100% numérique, à bas prix.

Encore un mauvais coup pour l'auto-édition, que j'essaye de tirer depuis plus d'une décennie vers une exigence littéraire professionnelle.

Entre les œuvres du domaine public que certains réussissent à vendre (alors que, il convient de le marteler, la gratuité des textes tombés dans le domaine public est légale... ce qui commence à se savoir même si dans le top 100 des ventes Amazon des classiques subsistent) et ces romans de gare du 21ème siècle, tout roman exigeant aura des difficultés à exister. Je le confirme !

Même avec des réactions très positives, mes romans ne suscitent pas suffisamment d'intérêt pour entrer dans le Top 100. Pourtant, je reste très optimiste sur l'ebook.

Ces premiers lauréats de l'arrivée du Kindle en France me font penser aux jeunes balancés stars de la chanson par une émission télé, mais qui s'effondrent rapidement faute de consistance... C'est un long chemin...

Rappel : auto-édition n'est pas compte d'auteur

L'auto-édition, qu'elle soit numérique ou en papier, c'est faire soi-même, être son propre éditeur.

Quant au compte d'auteur : le Code de la propriété intellectuelle signale l'existence des pratiques "compte à demi" et "compte d'auteur", en spécifiant bien que ces CONTRATS « ne constitue[nt] pas un contrat d'édition, au sens de l'article L. 132-1.»

Le compte d'auteur, c'est donc quand une structure vous fait payer pour publier.

http://www.auto-edition.com/ch2.htm   signale   depuis longtemps :

Un éditeur digne de ce nom doit prendre des risques sur un auteur, donc une société qui réclame de l'argent pour éditer un texte, qu'elle glorifie qui plus est, ne doit jamais être considérée par un auteur comme un éditeur digne de le publier.

L'auteur publié à compte d'auteur, ne reçoit JAMAIS de "droits d'auteur."
L'auteur paie pour être publié ET RECEVRA (au mieux) des "bénéfices"... à déclarer au fisc...

Les sociétés qui vivent du compte d'auteur misent sur la méconnaissance des apprentis auteurs et ne signalent pas toujours clairement le nom de leur commerce, parsèment même parfois leur site des termes « droits d'auteur », « contrat d'édition »...

Impasse de la concentration de l'édition en France

Chaque maison d'édition a son identité. Et on aime citer l'*institution* Gallimard...

Grasset, Fayard, Mille et une nuits, Mazarine, Pauvert, Stock, Lattès, Le Masque, Calmann-Lévy, Editions 1 (70 %), Editions des deux terres (60 %), Harlequin (50%), Hachette illustré, Hachette Jeunesse / Deux Coqs d'or, Gautier Languereau, Le Chêne, Hazan, Hachette Pratique, EPA, Hachette Tourisme (Routard, Guides Bleus...), Marabout, Pika, Albert-René (60%)
Et les autres.
Ce qui donne Hachette Livre... groupe français d'édition, du groupe Lagardère.
Un chiffre d'affaires annuel supérieur à 2 milliards d'euros.
2 273 millions d'euros en 2009.
Un chiffre d'affaires en érosion lente et régulière ? Surtout un effet de la variation des ventes de Stephenie Meyer qui avait boosté le chiffre d'affaires en 2009 ! Donc éviter les conclusions hâtives : tout va bien pour Hachette !
En 2012 : 223 millions d'euros de résultat opérationnel malgré le paiement de 7 104 collaborateurs ! ("seulement" 2852 en France)

Derrière Hachette Livre : Editis (une partie de l'ancien Vivendi Universal Publishing, partagé entre le groupe Lagardère et Wendel Investissement, d'un certain Ernest-Antoine Seillière, après la chute de monsieur Jean-Marie Messier J13M, JMM Moi-Même Merveilleux Millionnaire Maître du Monde et Même des Musiciens et Mégalomanes Magiciens des Mots), racheté en 2008 par le groupe espagnol Planeta.
À noter que la Cour Européenne de justice a invalidé en

septembre 2010 la reprise agréée en 2004 par la Commission Européenne de 60 % des actifs de Vivendi Universal Publishing par Wendel Investissement.

Mais par un arrêt du 28 juin 2012, Commission/Éditions Odile Jacob, la Cour a annulé l'arrêt du Tribunal du 9 juin 2010, Éditions Jacob/Commission, et a rejeté le recours introduit devant le Tribunal visant à l'annulation de la décision de la Commission du 7 avril 2005.

Puis par l'arrêt du 28 juin 2012, Commission/Éditions Odile Jacob, la Cour a annulé l'arrêt du Tribunal du 9 juin 2010, Éditions Jacob/Commission, et a rejeté le recours introduit devant le Tribunal visant à l'annulation de la décision de la Commission du 7 avril 2005.

C'était un combat mené par l'éditeur Odile Jacob... qui avait essayé de racheter cette part. Éditions Odile Jacob SAS fut condamnée aux dépens le 6 novembre 2012.

Editis : Place des éditeurs, Presses de la cité, Solar, Belfond, Hors collection, Omnibus, Le Pré aux Clercs, Acropole, Hemma, Lipokili, Langue au chat, Pocket, Pocket Jeunesse, 10/18, Fleuve noir, Kurokawa, Langues pour tous, Le Cherche midi, First-Gründ, First Interactive, Le Dragon d'or, XO/Oh! Editions, Nathan, Le Robert... Chiffre d'affaires 2009 : 751 millions d'euros.

France Loisirs, filiale de l'allemand Bertelsmann et principal club de livres en France : 370 millions d'euros en 2009.

Media Participations, leader dans la bande dessinée (Dargaud, Dupuis ou Kana) : 319 millions.

Groupe Lefebvre Sarrut, Editions Législatives Francis Lefebvre, Dalloz, Juris Associations : 314 millions

Flammarion n'est qu'à 263 (Flammarion, Arthaud, Autrement, Père Castor, Casterman, Fluide glacial...)

La Martinière 260 et Gallimard 243 (malgré de belles marques : Gallimard bien sûr mais aussi Folio, La Pléiade, Denoël, Mercure de France, La Table ronde, P.O.L (87%), Joëlle Losfeld...)
Gallimard, quand même un peu plus d'un dixième du secteur livres de Lagardère...

Mais 243 + 263 : 506. 276 + 253 : 526. La barre des 500 millions d'euros est franchie pour "le Gallimard nouveau" avec le rachat, mi 2012, de Flammarion à l'italien RCS Mediagroup. Gallimard est devenu le numéro 3 en France. Certes, il ne représente encore qu'un quart du mastodonte Hachette et surtout ses positions dans le monde anglo-saxon restent marginales.
Et s'il doit apprécier de récupérer le *goncouré* Michel Houellebecq, le nutritionniste Pierre Dukan pourra sûrement, certaines années, se présenter comme la meilleure vente du groupe Gallimard.

Alors qu'Antoine Gallimard figure dans les grandes fortunes de France, mi 2013, il annonçait chercher un nouvel actionnaire pour Madrigall, holding derrière Gallimard, qui recevrait environ 10% contre 40 millions d'euros... Ainsi Antoine Gallimard, actuellement propriétaire de 60% du holding, garderait la majorité. Hé oui, il ne faut pas confondre la cassette du patron avec l'argent dans ses affaires !

Que représente un écrivain dans la galaxie Lagardère et même Gallimard nouveau ?

Du monde de la musique à celui des livres

Auteur de chansons (http://www.auteurdechansons.net), membre de la sacem depuis l'an 2000, je fréquentais les festivals (avec même parfois le pass sésame des espaces interdits au public) à la création de mes premiers sites :
http://www.textesdechansons.com et
http://www.chansons.org
Les propos de nos sommités musicales mériteraient un bêtisier ! Ainsi, en mai 2009, profitant du lancement par Sony du *Reader*, j'exposais le rapprochement des deux milieux, musicaux et littéraires.

Mai 2009, le lancement du Reader...

J'avais essayé de rédiger une tribune avec l'espoir un peu insensé (sûrement) qu'elle secoue les esprits. Elle fut « naturellement » refusée par le grand quotidien de l'après-midi de référence.
Elle a néanmoins connu un certain succès d'estime sur le net :

Ecrivains : Soyez indépendants ou coulez avec éditeurs, libraires, distributeurs.

Le monde de l'édition fonce droit vers le même échec que celui de la chanson. Les déclarations de ses sommités rappellent celles de leurs confrères musicaux quand se proclamaient des propos péremptoires du genre : jamais un internaute n'écoutera de la (bonne) musique sur le net, jamais un producteur n'ira découvrir sur ce web un petit groupe fier de son petit site perso, le public est très attaché au CD...

Ainsi, le livre en bon vieux papier leur semble éternel ! Et c'est juste pour satisfaire des industriels et occuper « une niche » si certains éditeurs suivent Sony et son « eReader PRS-505 »...

S'ils croyaient aux livres numériques, ils ne commettraient quand même pas l'erreur d' « offrir un rabais de 10% sur les livres numériques par rapport aux livres imprimés.»
(Arnaud Nourry, patron de Hachette Livres, partenaire de Sony et la Fnac dans l'opération « reader »)

Ainsi les tenants du modernisme devraient payer leur snobisme au prix fort : 300 euros pour le lecteur et 10% de remise seulement sur le livre... En considérant des bouquins à vingt euros, qui passent ainsi à dix-huit, après 150, l'acheteur a amorti son appareil !... à 20 ebooks par an, dans 8 ans le Reader fonctionnera peut-être encore... Mais non, cet objet s'adresse aux très gros lecteurs voyageurs... une niche quoi...

Pourtant le livre numérique est l'avenir. Cette initiative, tellement plombée de sous-entendus, ne doit pas nous décevoir : tout ce qui fera parler de l'ebook est positif... et dès que quelques exemplaires auront été achetés à ce tarif exorbitant, ils seront rapidement partagés via des sites d'échanges de livres qui ne vont pas manquer de fleurir, pendants des sites musicaux. Et tout s'emballera ! Quant au lecteur de ces fichiers en format PDF, il existe déjà, il est gratuit : le lecteur Adobe PDF, présent sur la majorité des ordinateurs ou téléchargeable légalement gratuitement (eReader utilise un format maison ? Transformer en un autre format n'est qu'une question technique, de programmes)

Comme dans la filière musicale, le gratuit va plomber les ventes... de la faute des installés, obnubilés par le maintien de leur petit commerce. Ils ne réfléchissent même pas aux conséquences du numérique... L'acheteur potentiel n'est plus dupe : le livre comme le CD permettent à des filières de s'engraisser et aux créateurs de survivre avec des miettes (avec naturellement quelques têtes de gondoles vers lesquels les micros se tendent – ainsi il est risible d'entendre Pascal Obispo assimiler le téléchargement illégal à un « *assassinat de la culture* »... son succès, voulu par des industriels, fut sûrement plus préjudiciable à une certaine idée de la culture...)

Merci Sony : il faut habituer les lecteurs au numérique ! Ensuite, les sommités s'évanouiront dans les souvenirs de l'Histoire avec leurs raisonnements préfabriqués...

Les écrivains se retrouvent face au même dilemme que les auteurs compositeurs et interprètes au début des années 2000 : rester sur le même bateau que les industriels (donc s'enrichir encore un peu pour les mieux lotis et un jour couler) ou penser, réorganiser toute la filière, se la réapproprier. Les auteurs, compositeurs et interprètes ont perdu le combat en restant figés dans le giron producteurs-sacem, une sacem depuis longtemps liée aux industriels par un tour de passe-passe où sur plus de 120 000 membres, le pouvoir est accaparé par les membres « professionnels » et « définitifs », à peine 4000, une oligarchie inféodée aux majors qui prétend représenter l'ensemble de la profession. Les autres sont sollicités pour signer des pétitions « *pour le droit d'auteur.* » Pour pérenniser les privilèges d'une minorité ! Ainsi la sacem a souhaité l'instauration d'une « offre payante »... où comme dans la filière du disque physique les créateurs reçoivent des clopinettes... (sept centimes par téléchargement selon les derniers chiffres) Naturellement, cette « offre payante », contrôlée par les mêmes intermédiaires, malgré les clopinettes reversées aux créateurs, continue à facturer la musique à un tarif démesuré.

Livres comme musiques : les citoyens ont enfin assimilé l'indécence des prix exorbitants et refusent ce paiement dont le partage est loin d'être équitable. Ce sera donc un tarif raisonnable ou le gratuit !

Alors, quelle perspective pour les écrivains ? Qui va oser larguer imprimeur, éditeur, distributeur, libraires, pour vendre son prochain roman en numérique à cinq euros, directement sur son site ?
Soyez indépendants ou disparaissez avec éditeurs, libraires, distributeurs. N'attendez rien des politiques : des collectivités locales continuent à subventionner des installations de librairies et des éditeurs « papier. » Comme en son temps le papyrus, le livre dos carré collé a trouvé plus pratique et moins cher : le livre numérique, qui peut descendre à cinq euros comme prix de référence (même avec 19,6 % de TVA) et GRATUIT quand il s'agit des classiques « libres de droits », tombés dans le domaine public.

Malheureusement, comme pour la musique, aucun débat raisonnable ne peut s'instaurer : les médias sont scotchés dans le schéma de pensée des industriels et leur opposition créateurs -téléchargement illégal... Les mêmes arguments affluent du monde littéraire officiel... où des pantins soutiennent les industriels du livre comme des chanteurs reprenaient le couplet des majors et de la sacem, se tenant par la barbichette pour maintenir leurs marges et nous entraîner dans une impasse. Même la gratuité des versions numériques des classiques semble scandaleuse dans le microcosme du livre, « *il ne faut pas que ces livres deviennent gratuits. On pourrait imaginer une prolongation du paiement du droit d'auteur et que ces revenus reviennent à une sorte de caisse centrale des écrivains.* » (Régis Jauffret, écrivain, lors d'un débat sur le livre numérique organisé par le « *conseil permanent des écrivains* », en mai 2009)

Pourtant : édition comme chanson, les sommes disponibles ne permettent plus aux créateurs de nourrir des intermédiaires, qui plus est, devenus peu utiles depuis les possibilités du web...

Trois ans plus tard, cette tribune a mieux vieilli que certains propos d'Arnaud Nourry...

Nous n'avons pas de leçons à donner aux écrivains qui vivent de l'édition papier

Ils sont une minorité : leurs droits d'auteur leur permettent de vivre aisément de leurs livres. Ils publient chaque année ou presque, ils exploitent un filon, un style, ils sont bien placés en tête de gondoles des libraires et hypers, et naturellement des cybers libraires.

Ce livre ne les concerne pas vraiment. Pourquoi exiger d'eux qu'ils crachent dans leur soupe aux truffes ?

Certes, ils pourraient faire vaciller le système en quittant tout éditeur papier, en rachetant les droits de leurs best-sellers et en épousant l'indépendance. Mais ils ont fait un choix de vie et ils sont cohérents avec. Clouer au pilori des installés ne serait qu'un jeu.

Certes, je peux lancer une pétition pour demander à Michel Houellebecq de rejoindre l'indépendance, lui qui connaît l'informatique (il l'a même connue avant moi) et analyse la société contemporaine, cette idée a déjà dû le titiller. Surtout maintenant qu'il a obtenu tout ce qu'un écrivain peut espérer du microcosme littéraire (sauf le prix Nobel de littérature).

Marc-Édouard Nabe est né dans le microcosme artistique : Marcel Zanini, son père, a eu un tube, la chanson *Tu veux ou tu veux pas ?*

Marc-Édouard Nabe, plus célèbre pour ses attaques contre la Licra, Serge Gainsbourg, l'abbé Pierre, Élisabeth Badinter et sa compréhension d'Oussama ben Laden, que pour ses œuvres.

Ses tirages ne semblent jamais lui avoir permis de vivre uniquement de ses droits d'auteur.

En 2010, après avoir récupéré par procès les droits d'auteur de 22 livres publiés par les éditions du Rocher, il s'est lancé dans l'auto-édition, et sa nouveauté de 694 pages, *L'Homme qui arrêta d'écrire*, fut remarquée dans la dernière sélection du prix Renaudot, finalement attribué à Virginie Despentes.

Plusieurs livres de Maurice G. Dantec auraient dépassé les 100 000 ventes : *Les Racines du Mal*, *Villa Vortex*, *Cosmos Incorporated*.

Babylon Babies fut adapté au cinéma par Mathieu Kassovitz.

Mais *Metacortex*, publié chez Albin Michel, n'aurait pas dépassé les 6000 exemplaires.

Les chiffres sont souvent au conditionnel !

En mars 2011, David Kersan, son agent, annonçait que l'écrivain quittait le circuit de l'édition classique (il a publié chez Gallimard, dans les collections « noire » et « blanche », Albin Michel et Rivages) pour auto-éditer *Satellite Sisters* en 2012...

En mai 2012, il est noté sur mauricedantec.com : « *Après Gallimard, Albin Michel, il fut un temps question de la création d'une plateforme internet de diffusion de ses ouvrages, idée rapidement abandonnée face aux réactions du public. Il sera désormais publié aux éditions Ring pour les 10 prochaines années et qu'on se le dise : il ne quittera pas les librairies. Après une longue absence promotionnelle de 5 ans, Maurice Dantec publiera Satellite Sisters, suite de Babylon Babies en septembre 2012 et couvrira les principales villes de France pour un grand tour de signatures...* »

La maison d'édition Ring ? une maison fondée en mars 2012 par David Kersan, son agent...

Suite de la belle histoire : "*les éditions Ring*" ont publié "*Satellite Sisters*" le 23 août 2012. Chronic'art, dès le 31 août, informait son lectorat que l'auteur avait « *déposé contre son éditeur et ex-agent littéraire David Kersan, ainsi que contre les éditions Ring, une plainte au pénal visant à faire annuler un contrat d'édition dont la signature aurait été soutirée à l'écrivain, alors que celui-ci se trouvait dans un état de détresse physique et psychique particulièrement graves. »*

Maurice G. Dantec fut débouté de son action en référé visant à obtenir la suspension de la publication de *Satellite Sisters* le 23 août 2012. La plainte pénale pour abus de faiblesse suit son cours au parquet de Paris...

Ne pas confondre auto-édition et édition par des amis qui peuvent rapidement devenir des ennemis !

Le livre papier sera produit tant qu'il se vendra

Comme c'est triste, le livre en beau papier, qui sent si bon, il va disparaître ?

Des milliards de livres en papier plus ou moins beau, existent, ce support restera donc au moins dans des bibliothèques durant plusieurs siècles... sauf cataclysme.

Quant à la production, ce n'est qu'une équation économique : tant que l'éditeur aura l'espoir de rentabiliser un livre papier, il en lancera la production.

Alors qu'avec ce livre au format numérique, je ne prends aucun risque financier, son édition en papier ne serait pas forcément rentable.

Nul doute qu'Amélie Nothomb et compagnie trouveront encore longtemps des éditeurs pour lancer la production de leurs livres en papier...

J'ai publié des livres dos carrés collés. J'en publierai peut-être encore...

L'impression à la demande est un formidable outil... si elle est couplée à un vrai site de vente... comme Amazon...

Les tartuffes du numérique existent déjà

Des auteurs prétendent expliquer l'édition numérique... et naturellement adaptent leurs écrits pour qu'ils soient publiables par un éditeur classique ou un éditeur numérique...

Le but n'est pas d'expliquer l'édition numérique mais d'avoir un livre publié.

Certes l'auteur exprimera plus de vérités s'il vise à être publié par un éditeur numérique plutôt que par une vieille maison.

La tartufferie connaît de nombreuses strates.

C'est une époque merveilleuse pour l'édition : l'espoir d'un changement peut créer une véritable effervescence. Mais des tartuffes s'engouffreront forcément dans la brèche. Vous trouverez même des convertis de fraîche date à l'auto-édition qui s'en prétendront spécialistes... parfois même en « éditant » sur lulu ou autre plateforme similaire !...

De la même manière qu'étaient ridicules ces prétentieux aux textes insipides mais aux déclarations péremptoires sur l'auto-édition où se publiaient, selon eux, les seuls livres intéressants, il existe aujourd'hui des *blogueurs-écrivains* légèrement *webocentriques* : ils exigent d'un écrivain qu'il soit aussi blogueur ou lui refusent toute compétence littéraire !

Pour vivre dans son temps, il faut bloguer ! Sinon on n'est qu'un attardé affublé au mieux du qualificatif XXeme siècle.

Le vrai monde serait la blogosphère !

Qui aurait remplacé TF1 et les vieux médias !

Avant d'être blogueurs certains s'honoraient de leur carte de presse, pensaient même indispensable d'être journaliste pour prétendre au nom d'écrivain (et naturellement s'afficher à la fête de l'humanité et ne pas cacher ses sympathies pour l'extrême gauche ?)

Ces blogueurs, naturellement, n'ont rien compris à la littérature. L'écrivain s'inscrit plus dans une Histoire littéraire que dans l'actualité, il n'a besoin que de quelques faits pour poser son canevas et lancer la machine à écrire.

L'auteur peut intérioriser de manière plus pertinente le monde en consultant trois minutes twitter qu'en échangeant quotidiennement sur un blog.

Ces blogueurs peuvent même qualifier de réactionnaire quiconque n'est pas déjà passé au numérique.

Ce sont les enfants, les frères, les descendants, les clones, de ces intégristes qui prétendaient nécessaire d'être communiste pour être écrivain.

Les livres du domaine public

N'en déplaise à certains, la mise à disposition gratuite de versions numériques de livres du domaine public, est légale.

De nombreux éditeurs vivent (le plus souvent partiellement) de la vente de livres pour lesquels aucun droits d'auteur ne sera reversé : les livres du domaine public, le plus souvent des classiques retenus par les programmes scolaires.

Quand vous achetez Zola ou Balzac, et même désormais Proust, aucun héritier ne cachetonnera en bout de circuit, c'est tout bénéfice pour la chaîne traditionnelle du livre, de l'imprimeur au libraire en passant par l'éditeur, qui parfois aura demandé une présentation inédite, elle assujettie au droit d'auteur (alors infime).

Selon Edistat, *Candide* (oui, de Voltaire) s'est vendu en 2010 à 136 600 exemplaires, *les fleurs du mal*, toujours de Baudelaire (certains préfèrent les *fleurs du mal* de Stéphanie de Monaco !) à 116 700, *bel-ami* de ce cher Guy de Maupassant, à 92 200, *l'avare*, du père Molière, à 88 800.

Chers parents, vous l'ignorez peut-être mais ces œuvres sont en téléchargement gratuit et légal sur le net (je sais, les élèves attendent encore le cartable électronique…)

> (Le *bel-ami* qui posa en *Candide* n'était qu'un *avare* et elle a vu se faner *les fleurs du mal*…)

Alors certains rêvent… Un écrivain publié a vraiment déclaré :

« *il ne faut pas que ces livres deviennent gratuits. On pourrait imaginer une prolongation du paiement du droit d'auteur et que ces revenus reviennent à une sorte de caisse centrale des écrivains.* » (Régis Jauffret)

Ah, comme ce serait merveilleux ! Une caisse alimentée de millions, confiée au CNL, Centre National du Livre, qu'une minorité pourrait se partager en s'attribuant bourses et subventions. Je ne suis naturellement pas membre du « *conseil permanent des écrivains* », et ne souhaite pas le devenir.

D'autres livres gratuits ?

Gratuits, les livres du domaine public... et les livres conséquences du financement public ?

Pourquoi la communauté publique accorderait à des éditeurs une rente de publication des résultats de recherches financées par l'argent public ?
Il est même indécent que des éditeurs se fassent de l'argent en publiant ces résultats dans des revues très chères.
Tout argent public de recherche devrait mentionner la clause de gratuité de la communication des résultats obtenus.

Gratuits aussi certains documents. Et même le SNE montre l'exemple !
Son rapport d'activité de l'année 2010 est en vente 17 euros TTC pour un format papier mais le PDF se télécharge gratuitement sur leur site.

Qu'est-ce que le SNE ?

Le Syndicat national de l'édition est une organisation professionnelle des entreprises d'édition, elle défend les intérêts des éditeurs de livres publiés à compte d'éditeur.

Ainsi, quand le législateur discute avec le SNE, ce ne sont pas les auteurs qui sont défendus !
On pourrait pourtant le croire ! Tant le discours de SNE semble viser à confondre les intérêts des écrivains avec ceux des éditeurs.
Pour que les écrivains aient une chance de vivre heureux, il faudrait que les éditeurs roulent sur l'or ?

> Au niveau national, des relations étroites se sont naturellement instaurées entre l'édition et le ministère de la Culture et de la Communication, plus particulièrement la Direction du Livre et de la Lecture (DLL), qui est en quelque sorte le gardien des textes législatifs et réglementaires régissant l'activité du livre.
> À l'échelon local, les Directions régionales des Affaires culturelles (DRAC) sont les relais de l'action du ministère, notamment en direction des petites structures éditoriales.
> http://www.sne.fr/sne/mission.html

Le Salon du livre de Paris est organisé par le SNE. On comprend mieux pourquoi les écrivains indépendants n'y sont pas les bienvenus et pourquoi le livre numérique y est présenté de manière biaisée.

Quand CPE et SNE négocient...

CPE : Conseil permanent des écrivains. Selon ses statuts : « *union d'associations et de syndicats* » ; « *le Conseil Permanent des Ecrivains s'est fixé pour mission de rassembler l'ensemble des organismes ayant pour but de défendre les écrivains, les illustrateurs et les auteurs de l'écrit et du livre* » ; On y retrouve la Société des gens de lettres de France (SGDLF), le Syndicat national des auteurs et compositeurs (SNAC), l'Association des écrivains de langue française (ADELF), l'Association des traducteurs littéraires de France (ATLF), l'Association d'information et de défense des auteurs COSE-CALCRE, et même la SACEM !

Certes, ce CPE, ce n'est RIEN pour un écrivain indépendant.
Comment pourrions-nous nous sentir défendus par les représentants de ces structures ? Ils ont sûrement aimé la référence au CPE du Contrat Première Embauche.

Hervé GAYMARD, à l'Assemblée nationale, le 6 avril 2011, lors de l'étude de la proposition de loi relative au prix du livre numérique, résuma le dialogue au-dessus de nos têtes :

«... Ces négociations entre le Conseil permanent des écrivains et le Syndicat national de l'édition sur les conditions de cession des droits numériques, devaient aboutir à un texte commun pour le Salon du livre de Paris, qui s'ouvrait à partir du 18 mars 2011, sur les points suivants : le contrat d'édition numérique, la durée limitée du contrat, le bon à diffuser numérique, la rémunération, l'exploitation permanente et suivie et la reddition des comptes.

Au terme de ces discussions et de six réunions de travail, le SNE et le CPE ne sont pas parvenus à un accord sur l'ensemble de ces points, notamment pour ce qui concerne deux points fondamentaux : la durée du contrat et les conditions de rémunération.

S'agissant des conditions de rémunération, le SNE proposait aux auteurs un pourcentage strictement identique à celui existant pour l'édition papier. Restant attaché au principe de la rémunération proportionnelle, le CPE demande à ce que ce taux soit réévalué pour l'édition numérique de telle sorte que le montant de rémunération soit au moins équivalent en valeur absolue à celui obtenu pour l'édition papier, ce qui n'est pas accepté par le SNE.

Pour autant, un consensus a été trouvé sur plusieurs points :

– une instance de liaison entre le SNE et la Société des gens de lettres (SGDL) a été mise en place afin d'intervenir sur les questions contractuelles dans le domaine de l'édition physique et numérique, notamment en cas de différend entre un auteur et un éditeur ;

– auteurs et éditeurs ont acté la mise en œuvre d'un bon à diffuser numérique. L'auteur aura ainsi la possibilité de valider le fichier numérique avant sa diffusion ;

– les deux parties sont également d'accord pour que les dispositions contractuelles relatives à l'exploitation numérique des œuvres figurent clairement et distinctement dans le contrat d'édition, mais alors que les éditeurs plaident pour un seul et même contrat, les auteurs préféreraient que deux contrats distincts soient signés ;

– un accord a été trouvé sur une définition de l'exploitation permanente et suivie des œuvres sous forme numérique et sur les modalités de récupération des droits numériques par l'auteur en cas de mauvaise ou de non exploitation de l'œuvre au format numérique.

À l'issue d'une période qui reste à déterminer à compter de la signature du contrat, l'auteur pourra à tout moment demander à l'éditeur de mettre en œuvre les moyens nécessaires pour remplir ces conditions. À défaut, l'auteur pourra recouvrer ses droits numériques. Comme l'indiquait le CPE dans son communiqué de presse du 16 mars, « la possibilité pour l'auteur de récupérer ses droits constitue une condition essentielle pour le CPE, compte tenu des incertitudes actuelles sur les modalités de développement du marché numérique. »

Précisions :
Dans son communiqué de presse, le CPE notait : « *les négociations se trouvent de ce fait suspendues et le CPE est amené à demander la médiation du ministère de la Culture ou à envisager une adaptation du Code de la propriété intellectuelle.* »
Celui de SNE précisait : « *l'étude du Bureau International de l'Edition Française –BIEF- sur les achats et ventes de droits de livres numériques à l'international conforte les éditeurs français, dont les pratiques sont en adéquation totale avec celles de leurs homologues étrangers. Sans exception, les droits numériques sont toujours considérés comme des droits premiers et sont à ce titre inclus dans le contrat d'édition. Ces droits sont cédés pour la même durée que les droits papier et la majorité des contrats intègrent aujourd'hui une clause de réexamen des modalités de la rémunération.* »

Mais aussi, ils souhaitent absolument nous en persuader :
« *au moment où l'offre légale se développe, tous les acteurs de la chaîne du livre doivent être solidaires. Les investissements sont lourds et la rentabilité très faible dans ce marché émergent.* »

Je ne me sens nullement solidaire de ces installés et de leur marché étudié pour contraindre en douceur les écrivains à se soumettre ou se marginaliser. La réalisation de mon catalogue numérique s'effectue sans subvention.

Qu'est-ce que le CNL, Centre National du Livre ?

Le Centre national du Livre est, selon la dénomination officielle, un établissement public à caractère administratif placé sous la tutelle du ministère de la Culture.

Le CNL se présente comme le soutien financier de l'ensemble de la chaîne du livre : les auteurs, les éditeurs, les libraires, les bibliothèques.

Il est bien écrit "*les auteurs*" mais il semble préférable de comprendre "certains auteurs."

La partie "Les Aides aux auteurs" du site http://www.centrenationaldulivre.fr précise que les auteurs d'expression française devront attester d'un caractère professionnel... qui s'obtient, selon le CNL, « *par des publications à compte d'éditeur.* »

Ainsi, un auteur éditeur indépendant, même s'il vit difficilement de sa plume n'aura pas droit aux bourses alors qu'un notable parvenu à "être édité" peut y prétendre, même si ses ventes plafonnent à trente-huit livres (selon les chiffres publiés dans la presse, madame Christine Boutin n'aurait pas dépassé ce chiffre avec « *qu'est-ce que le parti Chrétien-Démocrate ?* », publié par l'*Archipel*).

De nombreuses bourses après lesquelles certain(e)s courent efficacement : la Bourse Cioran (12 000 euros), des bourses d'écriture dont l'objectif est de « *permettre à un auteur de dégager du temps libre pour mener à bien un projet d'écriture.* » (on a le droit de sourire... effectivement tout artiste se bat contre le temps pour gagner des heures utiles), des crédits de préparation (« *participation au financement de frais occasionnés par un projet d'écriture* » ; suffisamment vague pour permettre de nombreuses appréciations), des crédits de résidence (pour des écrivains accueillis dans des résidences... ce qui n'est peut-être pas très utile pour un auteur mais lui permet parfois de connaître du pays et collectionner des aventures).

Les aides aux éditeurs sont encore plus nombreuses.

Le Centre national du livre souhaite « *contribuer au maintien et au développement de l'édition d'ouvrages de qualité et de vente lente en langue française.*

Tout éditeur en langue française, quel que soit son statut juridique, peut bénéficier d'une aide.

L'édition à compte d'auteur est exclue du champ des aides. »

Sur le papier l'auteur éditeur n'est pas exclu. Je n'ai jamais obtenu d'aide du CNL. Ni d'ailleurs, il est peut-être inutile de le préciser. Je suis pourtant en ventes lentes !

Il existe donc les subventions pour la publication (qui accompagne, naturellement « *la prise de risque économique d'un éditeur en faveur d'une production éditoriale de qualité* »), les subventions pour la traduction en français d'ouvrages étrangers, les subventions à la création et au développement de sites collectifs d'éditeurs et de libraires, les subventions exceptionnelles à la réimpression, les subventions pour la création d'une édition multimédia ou d'un projet numérique innovant (pour « *les éditeurs qui souhaitent réaliser une édition multimédia ou un site compagnon ou un projet innovant de diffusion numérique* » ; un *site compagnon*, formule d'un poète subventionné par le CNL ?), les subventions pour la numérisation rétrospective et la diffusion numérique de documents sous droits, les subventions pour la préparation de projets collectifs lourds, les subventions pour la prise en charge des coûts iconographiques, les subventions pour la traduction d'ouvrages français en langues étrangères, les subventions pour projets d'édition numérique (pour « *les éditeurs qui souhaitent numériser des ouvrages de fonds, en vue de proposer à titre payant des contenus en ligne ou sur d'autres supports numériques »* ; que de fric pour le numérique !)

Et si les subventions ne suffisent pas, les éditeurs peuvent demander des prêts : prêts à la publication d'ouvrages, un prêt à taux zéro *« destinée à constituer un apport en trésorerie à un éditeur »* et des prêts économiques aux entreprises d'édition dont le taux n'est pas signalé mais destiné à *« accompagner le développement et favoriser la pérennisation des éditeurs indépendants. »*

Forcément, pour décider de ces subventions : de nombreuses commissions.

C'est un pouvoir dans la littérature.

La présentation officielle :

« Réparties par discipline, les commissions sont composées de plus de 200 spécialistes indépendants nommés pour trois ans par le Ministre chargé de la culture, sur proposition du Président du Centre national du livre. »

Je n'ai donc aucune chance de figurer dans l'une de ces commissions : ne connaissant ni le Président du Centre national du livre ni notre Ministre chargé de la culture, ni ni… ; qui plus est, je n'ai pas de temps à perdre, même dans la fabrication de « relations utiles. »

Les professions sont nombreuses : *« Ecrivains, universitaires, journalistes, chercheurs, artistes, traducteurs, critiques, éditeurs, libraires, conservateurs, animateurs de la vie littéraire. »* (non, ce n'est pas l'appel de Coluche lors de sa candidature présidentielle)

Et ces gens travaillent, enfin pré-subventionnent, ils *« se réunissent généralement trois fois par an pour étudier les demandes de subventions, de prêts ou de bourses et donner au Président du CNL un avis sur l'attribution des aides. »*

On comprend que ces gens-là ne souhaitent pas que leur pouvoir soit remis en cause par un appel à moins de concurrence déloyale entre l'oligarchie des écrivains et éditeurs subventionnés et les autres.

Je ne lis pas toutes les péripéties du CNL. Quelque part, ça ne me concerne pas. Quand j'avais un rôle plus médiatique, avec http://www.lewebzinegratuit.com, j'avais repris un numéro consacré à l'édition, de *Lire*, en mars 2005, où Daniel Garcia signait un article intitulé *"Ces auteurs qui vivent de l'argent public."*
Un extrait très significatif :
« *En 2004, 307 [bourses aux auteurs] ont été allouées pour un montant total de 2,9 millions d'euros. C'est à la fois peu et beaucoup. Ces bourses, en effet, ne constituent ni une aide sociale, ni une substitution de droits d'auteur, ni une quelconque récompense. Elles sont destinées à «permettre de souffler» à des auteurs qui ont fait leur preuve - et ont un métier à côté. Sauf que ce beau principe a été dévoyé dans les faits. Votées par des commissions spécialisées par disciplines (poésie, romans, sciences humaines et sociales, etc.) qui réunissent une vingtaine de membres (eux-mêmes auteurs), ces bourses ont fini par échapper à tout contrôle. En 1996, un rapport confidentiel de la Cour des comptes avait déjà épinglé un manque de transparence flagrant dans leur attribution. Verdict confirmé par un audit privé, lui aussi confidentiel, commandité par Eric Gross au début 2004. Il y avait donc urgence à remettre de l'ordre dans un système accaparé par des apparatchiks de l'intermittence littéraire.* »
Pourquoi ne pas insister ? Un autre extrait. Que Daniel Garcia en soit remercié : « *l'argent du contribuable doit-il encourager la paresse ? Servir d'ascenseur à la médiocrité ? Rimbaud aurait-il exigé d'être subventionné ? Rappelons que Julien Gracq, dont le*

premier livre, Au château d'Argol, paru en 1938, s'était
royalement vendu à 300 exemplaires l'année de sa sortie,
a travaillé jusqu'à l'âge de la retraite pour se préserver
des contingences financières. Ce qui ne l'a pas empêché
de produire l'œuvre que l'on sait, sans jamais rien
réclamer. »

Aucun changement fondamental de 1996 à 2005. Pourquoi
y en aurait-il en 2011 ? Le microcosme des subventionnés
est un pouvoir littéraire. Il existe donc des spécialistes de
la chasse aux bourses, subventions, aides et avantages
divers. Marie N'Diaye n'hésite pas à dénigrer la France,
elle n'ira sûrement plus se servir à ces mangeoires grâce à
son prix Goncourt mais elle aurait pu ne pas oublier avoir
bénéficié d'un séjour de presque un an à la Villa Médicis
de Rome (avec 3200 euros mensuels d'argent de poche) et
de la bourse Jean Gattégno, notée, sur le site du CNL, de
50 000 euros.

Désormais les bourses sont attribuées sur des critères
objectifs, sans copinage ni retour d'ascenseur ? Vous y
croyez ?

CRL, Centre Régional du Livre... l'exemple Martin Malvy

Le Centre Régional des Lettres Midi-Pyrénées, selon sa présentation officielle, se prétend au cœur de la politique du livre en région, « *plateforme d'échanges, de débats et de partenariats entre acteurs de la chaîne du livre. Qu'il s'agisse de conseil, d'expertise, de financement ou de mise en réseau, le CRL accompagne auteurs, éditeurs, libraires et professionnels des établissements documentaires de la région Midi-Pyrénées dans leurs projets.* »

La page "*missions*" le prétend : « *à l'écoute de leurs préoccupations en un temps où la révolution numérique transforme en profondeur les métiers du livre.* »

Qu'entend le CRL par "*Soutenir la création et la chaîne du livre*" ?
La réalisation d'études (où naturellement la sélection rigoureuse des personnalités écoutées doit garantir l'impartialité... ou peut-être d'obtenir des conclusions conformes aux souhaits de certains ? ; ainsi je n'ai "naturellement" jamais été consulté sur le livre numérique... il est vrai que les libraires sont sûrement plus compétents... Comme en témoigna, en 2011, le groupe de travail régional interprofessionnel sur le livre numérique LE NUMERIQUE ET LES MÉTIERS DU LIVRE) et l'attribution d'aides "aux acteurs du livre."
Qui sont ces acteurs du livre ?

- *Auteurs : bourses d'écritures versées par le CRL pour favoriser la création littéraire en Midi-Pyrénées.*

- *Editeurs : présence à Vivons Livres ! Salon du livre Midi-Pyrénées, aides aux déplacements hors région (entre autres le Salon du livre de Paris), aides à la fabrication et à la traduction, toutes versées par la Région Midi-Pyrénées.*

- Libraires : mise en place d'une politique d'aide à la librairie indépendante, financée majoritairement par la Région Midi-Pyrénées, avec le soutien de la DRAC.
Oui des librairies sont aidées avec de l'argent public, à l'heure où la numérisation, le changement de modèle économique, devrait être la préoccupation majeure.
Dans les ***critères d'attribution des bourses d'écriture 2012*** (9 bourses par an chacune d'un montant maximum de 8 200 €), les auteurs-éditeurs, même professionnels, sont exclus d'une phrase : "**l'auteur doit avoir publié au moins un livre à compte d'éditeur (sous forme imprimée).**"
J'ai plusieurs fois essayé de combattre cette approche, ce mépris du statut d'auteur-éditeur. Certes ne figure plus dans la rubrique "Sont exclus :" la phase "*l'auto-édition (éditions à compte d'auteur et éditions à compte d'auteur pratiquées par un éditeur professionnel).*" Oui, cette phrase fut l'œuvre du professionnalisme du CRL !
J'ai à chaque fois affronté un mur. Encore fin 2011 début 2012. Il arrive un moment où le comportement de ces gens qui se gargarisent de soutenir la culture devient insupportable. Monsieur Martin Malvy est donc devenu un symbole : celui du vieil homme politique attaché aux privilèges des installés.

L'ebook selon le SNE. Analyse de la version officielle

Savoir ce que pense l'adversaire est essentiel !
Il existe un document presque surréaliste, pour moi. Mais non, c'est ainsi qu'on pense au SNE.
http://www.sne.fr/informations/livre-electronique-03-09.html
(en 2013, ce document ne figure plus à cette adresse)

Il s'agit d'un texte intitulé « Le livre numérique : idées reçues et propositions », diffusé au salon du livre de Paris, lors des Assises professionnelles du livre, organisées par le SNE, le 17 mars 2009.

> Essayons de convaincre :
> un livre numérique
> doit coûter plus cher qu'un livre papier !

Ce n'est pas un sujet de littérature fantaisiste ni une rédaction pour les 6eme C.

Ainsi le SNE égraine des arguments pour combattre l'idée qu'un livre numérique doive coûter moins cher qu'un livre papier !
Il prétend même qu'un ebook « *coûte au moins autant à produire qu'un livre papier.* »

Admirons le sophisme : étant convenu : les dix euros d'un livre-papier vendu se répartissent de la manière suivante : 1 € pour l'auteur, 1,50 € pour l'éditeur, 1,50 € pour l'imprimeur, 1,70 € pour le diffuseur et le distributeur, 3,80 € pour le libraire, 0,50 € pour l'Etat (TVA).
Le SNE précise néanmoins : « *ce sont, à part la TVA, des chiffres moyens, qui peuvent varier.* » La part de l'imprimeur semble surévaluée : après 2000 exemplaires, le coût de l'impression tombe le plus souvent à moins de 10% du prix du livre. Mais il est vrai que ces éditeurs

subissent un nombre d'invendus conséquent, dont les frais même de destruction sont sûrement reportés dans la case « imprimeur. »

Et c'est parti pour la version ebook selon le SNE : « *L'auteur touche toujours autant, et aimerait bien davantage...* » (ne rêvez pas : *autant* doit se comprendre en pourcentage)

Certes « *il n'y a plus d'imprimeur ni de frais de logistique liés au papier (transport et stockage).* »

Mais l'éditeur aura « *de nouveaux coûts* », et on trouve là une liste à la Prévert : « *coûts de conversion des fichiers (voire de numérisation s'il s'agit de livres plus anciens), coûts de stockage des fichiers, coûts de sécurisation des fichiers, frais juridiques liés à l'adaptation des contrats d'édition et à la défense contre le piratage, etc.* »

Y'a même pas le coût de l'ordinateur !

Coût de conversion des fichiers, de word en PDF ? (les éditeurs connaissent pourtant la procédure : ils fournissent aux imprimeurs des documents PDF)

Qu'y a-t-il de choquant, finalement, quand on est le syndicat des éditeurs, à vouloir donner la part de l'imprimeur et celle des transporteurs à l'éditeur ?

Mais ce n'est pas tout : « *vendre des livres numériques ne se fait pas tout seul : cela nécessite un diffuseur-distributeur (« e-distributeur » pour reprendre la terminologie de Gallica2) et des sites de vente en ligne des livres (« e-librairies »).* »

M. David Assouline, le 29 mars 2011, lors du débat sur le prix unique du livre numérique au Sénat :
« *Il est incompréhensible que les éditeurs nous disent que, s'il y a une économie de coût, les auteurs n'ont pas à bénéficier d'une rémunération digne et équitable ! Là où le marché du livre numérique s'impose, les économies*

sont importantes : les auteurs doivent pouvoir bénéficier d'une rémunération juste et équitable. Un rapport est une bien faible réponse. »

Quelques instants plus tard à la même tribune :

« Quand je vois les éditeurs s'insurger contre une petite phrase sur « la rémunération juste et équitable des auteurs », je me dis que les masques tombent. Il n'y aurait pourtant pas de livres sans auteurs, pas de création sans créateurs. Des dizaines de milliers d'auteurs sont dans l'impossibilité de vivre de leur travail.

Avec le numérique, nombre de coûts vont être atténués, du papier à l'imprimerie et au stockage, on pourrait donc se préoccuper enfin des auteurs. Et on nous dit « Oh non, surtout pas » ! Nous ne pouvons rester les bras ballants face à cela.

À l'heure actuelle, 55 % de coût du livre représente la distribution, 15 % l'impression, 20 % l'éditeur et 10 % l'auteur. Avec le livre numérique, l'éditeur touchera sept fois plus que l'auteur !

Je n'ai donc pas compris que les députés aient pu céder sur ce point. Les éditeurs japonais, américains, canadiens m'ont dit la même chose : le numérique réduit de 40 % les coûts d'édition. »

http://www.senat.fr/cra/s20110329/s20110329_21.html

Pourtant le SNE pose la question qui aurait pu être la mienne : *« pourquoi ne pas pratiquer la vente directe ? »*

Mais la réponse fuse, péremptoire : *« Ce serait méconnaître l'importance stratégique que revêt la librairie de qualité pour tous les éditeurs. »* Pas certain que les éditeurs le pensent vraiment mais face au tsunami possible du numérique, prétendre que nous sommes tous dans le même bateau !

Oh ! Le mythe de la librairie de qualité ! *« 3 500 libraires indépendants ont survécu... »* (*Frédéric Mitterrand*)

Bref, ces nouveaux coûts « *compensent peu ou prou* » ceux de l'imprimeur.

Et comme nous ne sommes toujours pas en 2012, le passage d'une TVA de 5,5 % à 19,6 % entraîne « *un surcoût de 14 % du livre numérique !* »

Le SNE sait bien que les consommateurs veulent du moins cher :

« *Non seulement annoncer que le prix du livre numérique devra être inférieur de 30 % à celui de papier est dangereux pour le développement du marché numérique, mais il l'est aussi pour le livre papier, dont on ne comprendra plus qu'il soit à payer au juste prix : c'est tout l'édifice de la loi sur le prix unique qui risque d'être remis en cause.* »

Hé oui, cher SNE, c'est tout votre système qui doit s'écrouler. Le livre papier a trouvé un concurrent nettement moins cher, il ne lui reste plus qu'à se montrer plus pratique.

Mais ce n'est pas fini, le SNE s'attaque à toutes les « *idées reçues.* » Vient ensuite : « *Le livre numérique va remplacer le livre papier.* »

Réponse :

« *Pas de fatalisme de notre part. Le livre numérique est pour les éditeurs une formidable opportunité de créer un nouveau marché et de toucher de nouveaux publics. L'édition est en train de devenir une industrie multi-supports : livre papier et livre numérique vont coexister. Une partie du marché du livre papier va diminuer, mais elle sera compensée par la création de nouveaux marchés. L'arrivée d'un nouveau média ne détruit pas forcément les anciens, il crée de nouveaux usages, souvent complémentaires des anciens : la télévision n'a pas détruit la radio, etc.* »

Essayez de comprendre qu'au niveau du livre, ce n'est pas un nouveau média mais une nouvelle approche : un autre support pour le même contenu.

Le numérique permet naturellement d'autres utilisations qu'un livre mais ce n'est pas notre sujet : nous sommes simplement dans un secteur confronté à l'arrivée d'un nouveau support pour nos écrits.

Résumons l'idéal probable du SNE : les anciens lecteurs continuent à acheter du papier très cher et le numérique permet d'accroître le marché.

Comme au SNE remontent sûrement les inquiétudes des éditeurs, il répond aussi à : « *en devenant numérique, le livre va fatalement être piraté, comme le disque et la vidéo.* »

Qui a osé prendre l'initiative d'écrire :

« *Dans l'univers d'Internet s'est installé le mythe de gratuité de l'accès aux contenus intellectuels : la musique et la vidéo en ont déjà fait les frais, perdant l'un la moitié, l'autre le quart de son marché. Idée faussement généreuse voire dangereuse car elle risque d'entraîner un appauvrissement de la qualité et de la diversité des contenus, dont les éditeurs sont les garants, voire le retour à un système pris en charge par l'Etat.* »

Les éditeurs autoproclamés garants de la diversité des contenus ! Il faut oser ! Ils osent.

Alors, camarades, il est urgent de « *lutter contre la prolifération du piratage* » et pour cela, tout le monde doit s'y mettre, « *fournisseurs de contenus, télécoms, fournisseurs d'accès à Internet, moteurs de recherche et bibliothèques numériques.* » Tous ensemble pour sauver les bons soldats du SNE !

Mais le monde est peuplé de méchants : « *certains de ces acteurs, dont les visées monopolistiques et hégémoniques sont claires, renversent le principe du droit d'auteur pour*

promouvoir leurs propres intérêts et générer d'importants revenus publicitaires à partir des contenus des éditeurs. »
Aucun groupe d'édition en France n'a de « *visées monopolistiques et hégémoniques ?* »
Alors, l'appel aux fondamentaux du droit d'auteur, « *qui fait partie des droits de l'Homme hérités du Siècle des Lumières.* »
Et ce droit d'auteur « *rémunère le travail des auteurs et de leurs éditeurs.* »
Oui… mais ce n'est pas le problème, chers gens du SNE ! Surtout que la suite est fracassante, l'humanité court à sa perte si les profiteurs des écrivains disparaissent : « *N'y a-t-il pas là une extraordinaire régression démocratique à refuser de rémunérer le travail intellectuel, à refuser de rémunérer l'œuvre de l'esprit, alors qu'on accepte de payer pour des biens matériels ou des services ?* »

Quand 90% des revenus consécutifs au travail d'un écrivain s'évaporent, vous considérez le travail intellectuel justement rémunéré ? Vous participez à la domination d'un système injuste, nous devons donc vous renverser.

Nous souhaitons élaborer un modèle économique équitable, qui rémunère correctement notre travail intellectuel, sans restreindre l'accès à nos œuvres par un tarif exorbitant.

Vient ensuite un domaine qui nous concerne vraiment mais une affirmation combattue par le SNE : « *On pourra se passer d'éditeur à l'ère du numérique.* »
Et contre cette *utopie*, ils ont un exemple fracassant : Stephen King. Explications : « *Stephen King a tenté l'expérience de vendre directement ses livres en ligne. Devant l'échec complet de sa tentative, il est revenu vers son éditeur…* » Vous voyez bien que c'est impossible, Stephen King a échoué !

D'ailleurs : *« Cette idée reçue provient d'une méconnaissance du métier et de la valeur ajoutée de l'éditeur. »*

Et si on parlait plutôt d'Amanda Hocking ? Du même pays que Stephen King, les Etats-Unis, mais elle n'a que 26 ans (contre 63 pour son aîné) et elle a vendu 900 000 livres en moins d'un an... Devenue millionnaire sans éditeur, en distribuant sur Amazon et quelques autres web plateformes. Sans éditeur, en auto-édition donc, avec des livres au tarif attractif de 0,99 à 2,99 dollars. Mais contrairement au modèle du SNE, 70% du prix payé par les internautes lui revient.

Néanmoins, voilà la grande vérité du SNE : *« Plutôt discret et en retrait derrière ses auteurs, l'éditeur a pourtant un rôle crucial : il sélectionne et « labellise » les œuvres en les intégrant dans un catalogue, un fonds, une marque reconnus par les lecteurs ; il apporte une contribution intellectuelle (« création éditoriale ») importante ; enfin il s'engage à exploiter commercialement les œuvres de manière continue (vente de livres, de droits dérivés, etc.). »*

Qui y croit, quand Loana est labellisée Pauvert ! Pauvert l'éditeur de Sade, Apollinaire, Georges Bataille, André Breton, René Crevel, Tristan Tzara, Boris Vian... Certes Pauvert devenu une filiale des éditions Fayard. Albin Michel aurait tant aimé éditer l'icône de la télé réalité !

Vous souhaitez revêtir le label de la filiale livres de Lagardère ?

Autre *« idée reçue »* combattue : *« On pourra se passer de libraire à l'ère du numérique. »*

Alors le beau blabla habituel : *« L'existence en France d'un vaste réseau de librairies indépendantes, qui s'est globalement maintenu grâce à la loi sur le prix unique du livre, est déterminante pour la diversité et la qualité de la production éditoriale.* » Tu parles, Charles ! Grâce aux subventions des Conseils Régionaux aussi. Des libraires qui ouvrent les cartons et placent aux tables d'honneur les livres vus à la télé !

Et nous sommes prévenus : « *Le SNE est mobilisé pour aider la librairie indépendante à trouver toute sa place sur le marché émergent du livre numérique.* » Sauvons les libraires alliés des éditeurs, sur le dos des écrivains.

Ensuite, place aux « *propositions pour créer une offre de livres numériques de qualité.* »
Pour la TVA à 5,5, nous sommes forcément d'accord. Mais revient le soutien aux librairies, qu'ils semblaient disposés à subventionner (vous voyez où fond l'argent de la culture) pour leur permettre de créer un portail Internet.
Je ne résiste pas, je reprends encore deux phrases, c'est tellement caricatural : « *Il faut aider les librairies de qualité à entrer sur le marché du numérique, en créant un ou plusieurs portails de vente en ligne de livres non seulement papier, mais aussi numériques. C'est la condition sine qua non du maintien de la diversité culturelle.* »
Sur la lutte contre le piratage, ce sont les arguments classiques, contre l'ebook gratuit.

À aucun moment n'apparaît la possibilité d'un autre modèle économique. Ils veulent que le numérique se plie à leur vieux système, un monde figé. Ils défendent leur profession, ce n'est pas un scandale. Mais qu'on arrête de prétendre que ce SNE peut parler au nom des écrivains.

Nos librairies de qualité vendent quoi ?

Des livres de grande qualité doivent donc figurer au palmarès des meilleures ventes de nos éditeurs !

L'édition française aime citer Michel Houellebecq et certes la machine à collecter du chiffre d'affaires, Marc Levy.
C'est souvent la guerre des chiffres... officieux. On voit même des bandeaux « best-seller » le premier jour de commercialisation de certains livres.

Un organisme, *Edistat*, fournit pourtant des données indépendantes, collectées via les caisses de 1200 points de vente.
Chiffres reconnus par l'ensemble de la profession.

L'auteur phare en France en 2010 fut... Pierre Dukan avec 1 804 600 conseils de possible minceur, surtout publiés chez J'AI LU (506.000 *Je ne sais pas maigrir*, 413.000 *Recettes Dukan*, 394.000 de *La Méthode Dukan illustrée*, 209.000 *Les 100 aliments Dukan à volonté*)
Au deuxième rang, les éditions Robert Laffont placent leur Marc Levy à 1 479 400 exemplaires.
Katherine Pancol, je l'ai découverte à l'occasion de ce classement... vie à New York, cours d'écriture à l'université de Columbia, écrits pour *Paris-Match* et *Elle*, best-sellers... 1 200 700 exemplaires.
Découverte aussi que Masashi Kishimoto, 1 166 900 exemplaires, quatrième sur ce podium, un auteur de serial-mangas.
Je découvre beaucoup à la lecture de ce classement, de même le cinquième, Harlan Coben, un écrivain américain, de la littérature policière, 1 067 600.
Personne d'autre n'a dépassé le million.

De la littérature de gare dont rien ne passera à la postérité ?

Le classement Ipsos/Livres Hebdo 2010 fournit des chiffres par titre : en tête, *Je ne sais pas maigrir*, de Pierre Dukan donc, en collection *J'ai Lu*, avec, cette fois, 591 500 ventes en France. Le petit livre de Stéphane Hessel, *Indignez-vous !*, vendu trois euros chez *Indigène* a trouvé 540 200 acheteurs (il aurait dépassé le million en avril 2011, bénéficiant d'achats sûrement compulsifs pour ce vieil homme qui s'indigne pourtant de manière souvent caricaturale).

Il réussit à s'insérer entre les Pierre Dukan qui reviennent : *Les recettes Dukan* (*J'ai Lu*) puis *La méthode Dukan illustrée* (*Flammarion*). Cinquième, et premier roman, *Les écureuils de Central Park sont tristes le lundi*, de Katherine Pancol, chez Albin Michel, avec 389 400 ventes.

Quant à notre cher Michel Houellebecq, son prix Goncourt 2010, *La carte et le territoire*, était à 360 900 exemplaires.

Amazon ne fournit pas de chiffres mais un classement des meilleures ventes de Livres en 2010.

En tête... eh oui, Pierre Dukan mais avec *Les recettes Dukan : Mon régime en 350 recettes*. Le prix éditeur, *J'AI LU*, est de 6,00 euros et Amazon le vend à 5,70.

Suivi de monsieur Stéphane Hessel avec *Indignez-vous !*, vendu à 2,85 euros grâce à la réduction de 5%. *Je ne sais pas maigrir*, de... arrive ici troisième. Suivi de *La méthode Dukan illustrée*.

Cinquième? *Le mec de la tombe d'à côté* de Katarina Mazetti (journaliste à la radio suédoise, née en 1944, auteur jeunesse et de romans pour adultes, ce livre s'est vendu à plus de 450 000 exemplaires pour 9 millions de suédois, et fut traduit dans de nombreuses langues)

Katherine Pancol et ses écureuils n'est "que" dixième, devancée par *La carte et le territoire*.

Le mythe des libraires de qualité ne tient pas. On ne peut certes pas leur en vouloir : ce sont des commerçants et il est logique qu'ils mettent en exergue ce qui se vend. Mais on doit légitimement s'indigner du beau rôle qu'on souhaite attribuer à ces libraires pour les subventionner.

Les chiffres 2011 sont connus pour la deuxième édition en mai 2012 : l'état (Service du livre et de la lecture. Observatoire de l'économie du livre) a communiqué les données recueillies dans une année où la production (au dépôt légal) a encore augmenté : 70.109 titres (+4,2% par rapport aux 67.278 titres de 2010).

Assez surprenant, dans ce "*panel Ipsos*" de trente titres, aucune trace de Pierre Dukan ! Aucun de ses livres ne se serait vendu à plus de 163 000 exemplaires alors qu'il vendait 1 804 600 couvertures en 2010, dont 591 500 *Je ne sais pas maigrir ?*

Vainqueur, le jeune écrivain Stéphane Hessel dont *Indigène* a réussi à écouler 1 368 900 exemplaires de son fascicule *Indignez-vous !* Aussi indigeste que du Pierre Dukan !

David Foenkinos, dont j'ignorais l'existence, avec un titre chez *Folio*, *La délicatesse*, vend 778 700 exemplaires.

3 : *La couleur des sentiments* de Kathryn Stockett chez *Jacqueline Chambon* 433 100 exemplaires.

4 et 5 : Guillaume Musso, d'abord *L'appel de l'ange* chez XO avec 419 300 exemplaires puis *La fille de papier* chez Pocket à 416 400.

6 : *Les écureuils de Central Park sont tristes le lundi de* Katherine *Pancol LGF/Le Livre de Poche* 388 000.

7 : *Le voleur d'ombres*, Marc Lévy, *Pocket* 371 100.

8 : *L'armée furieuse*, Fred Vargas, *Viviane Hamy*, 350 700.

9 : *L'étrange voyage de monsieur Daldry*, Marc Lévy, *Robert Laffont*, 307 500.

10 : *Rien ne s'oppose à la nuit*, Delphine de Vigan, *Lattès*, 281 100.

Puis Katarina Mazetti, Ann Shaffer, Jesse Kellerman, Harlan Coben...

http://www.1001ecrivains.com/ecrivains7.html

Aphorismes pour twitter

De la pensée concise, en moins de 140 caractères. Il faut que ça passe dans le réseau twitter pour espérer toucher certains internautes

140 espaces ce n'est presque rien, pourtant 140 caractères c'est un aphorisme ou une stupidité sur twitter

Un bon refrain de chanson peut faire moins de 140 caractères. Comme quoi twitter pourrait être un espace de qualité

La législation protège les privilèges de la filière papier donc l'ebook légal ne décolle pas en France. L'illégal va tout écraser ?

L'ebook qui n'a pas besoin de mentir pour plaire à un éditeur (même numérique)

Amis éditeurs, vous n'avez pas le choix : proposez un tarif décent de vos ebooks ou l'échange illégal va dynamiter votre commerce

Il existe une concurrence déloyale entre les écrivains éditeurs subventionnés et les indépendants

Si votre modèle économique réussit des libraires pointeront au chômage ! Mais des écrivains vivront de leur plume

Certains volent des livres dans les librairies, d'autres les voleront sur le net

À quoi bon discuter avec le SNE qui prétend qu'un ebook coûte aussi cher à produire qu'un livre papier ?

Le métier du libraire : faire croire au lectorat possible : sur nos tables découvrez votre choix de lecture ?

Les écrivains doivent gagner le combat du livre numérique contre les éditeurs et les intermédiaires

Il s'agit pour les auteurs de reconquérir les revenus de leur travail

Le général de Gaulle découvrant le livre numérique (au Québec) : vive le web libre

Un nouveau modèle économique pour l'édition. Qui gagnera le combat, les créateurs ou les installés ?

Le livre numérique, fils de l'auto-édition, dédié à Jim Morrison. Pourquoi ?

Solution acceptable pour le marché ebook : un seul intermédiaire entre l'auteur-éditeur et les acheteurs.

Libraire virtuel ou distributeur virtuel, peu importe le nom, pourvu qu'il ne prenne pas 70% du prix du livre !

Ecrivains, soyez indépendants ou contentez-vous des miettes

Marché ebook : Libraire virtuel ou distributeur virtuel, peu importe le nom, pourvu qu'il n'exige pas 70% du prix du livre !

Je l'ai écrit bien avant le Kindle : l'auto-édition est la voie la plus intéressante à long terme

N'ayez plus peur aurait sûrement lancé à la web foule des écrivains, Jean-Paul II, s'il avait eu l'occasion de se convertir aux ebooks

C'est plus pratique un ebook mais il faut affirmer le contraire car c'est moins rentable (conseil aux éditeurs)

Que les écrivains soient libres et indépendants, je le préconise depuis 1991

Tout comme le public était attaché au CD il l'est au livre papier. On se rassure comme on peut même au prix d'une aberration
Impossible de lire un livre électronique sans avoir mal aux yeux au bout de quelques minutes, ce n'est plus la réalité !

Ecrivains lectrices lecteurs sont indispensables, les éditeurs sont des prestataires de services

Peu importe le support pourvu que nos livres soient lus

Payer 20 euros pour Amélie Nothomb quand l'ensemble de l'œuvre de Zola est accessible gratuitement, il faudrait être fou !

500 millions de livres imprimés chaque année, 100 millions rapidement détruits, ce modèle est bon ?

Le monde de l'édition voudrait continuer à fonctionner comme si nous n'étions pas passés de la culture imprimée à la culture numérique

Vous préférez les belles tables sans grand choix des libraires ou les sites Internet de livres ?

Plutôt que de crier au loup du piratage, demandez-vous ce qu'internet peut apporter à la littérature

Un modèle économique équitable, un tarif permettant au plus grand nombre d'accéder à nos livres

Lors d'une recherche "écrivain" sur google.fr, le plus souvent un de mes sites est en première page. Pourtant je suis peu lu.

Amanda Hocking aux Etats-Unis, Stephen Leather en Angleterre, et Stéphane Ternoise en France ?

Ebook : les éditeurs défendent leur bizness, ce n'est pas une raison pour les écrivains de les croire

Ebook : est-il vraiment impératif de sauver des libraires objectivement condamnés ?

Quand l'ensemble des livres publiés depuis Gutenberg sera disponible sous forme numérique, qui lira mon premier roman ?

Notre préoccupation : proposer des textes de qualité, facilement lisibles sur les supports de lecture électronique utilisés.

Ebook : afin que personne n'ose, les éditeurs prétendent impossible l'indépendance des écrivains

Nous avons une possibilité historique de parvenir à virer les parasites de l'économie du livre

Quand les lecteurs seront habitués au texte électronique, le papier deviendra une contrainte, puis tombera en désuétude.

Edition : simplement un nouveau modèle économique et une redistribution des cartes.

Les écrivains ont si souvent été les perdants du monde de l'édition, il semble stupide qu'ils aient peur du livre numérique

David Assouline sénateur socialiste, au Sénat en 2011 : avec le livre numérique, l'éditeur touchera sept fois plus que l'auteur

L'invention de l'imprimerie fut une révolution alors que l'ebook est une simple évolution

Qu'ont à perdre sur internet les écrivains ? Ils ne gagnent déjà presque rien des livres qu'ils vendent

L'imprimerie a changé le monde alors que l'ebook est une évolution logique, qui ne fait peur qu'aux marchands

Gutenberg a lancé une machine contre l'obscurantisme de son époque alors que l'ebook ne vise que le monopole de marchands

Je n'ai pas de mots assez durs pour décrire la position du SNE, syndicat national de l'édition, au sujet de l'ebook

Stephen King a échoué dans l'ebook indépendant donc nous ne devrions pas essayer ! Raisonnement du SNE !

Avoir un diffuseur ou être présent dans les grandes librairies du net,

Après l'auto-édition est l'avenir de l'édition, l'ebook est l'avenir du bouquin. Logique de Ternoise

Qu'on puisse interdire la revente d'un livre numérique me choque

Quand vous achetez un de mes ebooks vous pouvez le revendre cinq fois. Mode d'emploi du modèle économique Ternoise

La qualité est le mot central de l'édition classique en France, chez Lagardère comme chez Editis ?

Livre papier ou ebook ? La majorité des livres ne méritent pas d'être achetés

La vente directe est l'objectif de l'auteur éditeur mais observons le marché et utilisons les plateformes où se vendent des livres

À quoi pensent les parlementaires quand ils entendent Frédéric Mitterrand parler de livre homothétique ?

Prendre un diffuseur numérique ? Ajouter des intermédiaires, c'est augmenter le prix ou laisser fondre sa marge. Peut-être nécessaire

Peu de sites où se vendent vraiment des livres numériques donc le contact direct avec ces plateformes devrait être possible

Ecrivains d'en France, vous avez plus à craindre du SNE que d'Amazon !

Comme des libraires ont créé 1001Libraires.com il est logique que des écrivains lancent 1001ecrivains.com.
Casser les prix n'est pas faire du livre un produit d'appel en cas de partage équitable entre vendeur et créateur, sans autre intermédiaire

Laisser une marge pour vendre des livres sur des sites se comprend mais en laisser une autre pour avoir un label d'éditeur, est-ce utile ?

L'ebook est une évolution, la disparition des éditeurs serait une révolution.

Combien d'écrivains vendront via 1001ecrivains.com ? Ils ne sont pas 1001 libraires sur 1001Libraires.com

Des traces papiers existent : j'ai imprimé trois fois ce livrel avant de le publier. Corriger sur écran m'est difficile.

Les livres numériques seront moins chers si s'impose le modèle économique sans intermédiaire entre écrivains et lectrices lecteurs

Si vous souhaitez comprendre les perspectives du livre numérique, lisez plutôt un ebook indépendant qu'un livre blanc de notables

100 millions de livres détruits chaque année car invendus et les éditeurs ne voient pas d'économies avec le passage à l'ebook ?

L'absence d'une véritable distribution du Kindle est pour les écrivains français indépendants un lourd handicap (souvenir de la version 1)

Les éditeurs membres du SNE prient pour que le Kindle ne soit pas distribué en France ? (souvenir de la version 1)

Vous souhaitez comprendre la nouvelle donne de l'édition après le passage au numérique ou vous vous contentez de la version des éditeurs ?

SNE : Syndicat national de l'édition : Syndicat national des éditeurs serait préférable : l'édition ce sont aussi les écrivains...

Le SNE défend les intérêts des éditeurs, ce qui ne signifie pas des écrivains

L'auteur éditeur n'ayant jamais été subventionné, il peut écrire librement, même sur les subventionnés de l'édition

Pratiquer un tarif décent dans le monde de l'édition sera ressenti comme une opération discount ? http://www.ebooksdiscount.fr

Ebooks : vous préférez lire la version des éditeurs ou celle de l'écrivain indépendant http://www.ecrivain.pro ?

Les écrivains ne pourront pas prétendre qu'ils n'avaient pas les moyens de savoir...

Sur http://www.auto-edition.com depuis 2002 est écrit "L'auto-édition est l'avenir de l'édition." Parfois les prédictions sont justes...

1991 : 1er livre auteur éditeur 2001 : http://www.auto-edition.com 2011 : 15eme livre, 1er ebook 100% numérique http://www.ecrivain.in

Etudes sur l'offre numérique illégale de livres français sur Internet

Quelques jours avant le Salon du Livre de Paris 2011 (où ce cher SNE organisa une table ronde au sujet du livre numérique), *l'Observatoire du livre et de l'écrit en Ile-de-France* (lemotif.fr), sortait *EbookZ 2*, une étude sur l'offre numérique illégale des livres français sur Internet en 2010.
Conclusion : Le piratage de livres se développe.
Devons-nous comprendre : législateur réagissez sinon l'édition sera mangée par le piratage comme le fut la musique ?
Et pleurer sur le sort d'un certain Bernard Werber, dont 22 titres sont piratés ?

Avant *EbookZ 2*, il y eut « *EbookZ 1* », publiée en octobre 2009, considérée comme la première étude en France à analyser spécifiquement l'offre illégale des livres sur Internet.
Sujet : le « piratage numérique du livre » et non le « piratage du livre numérique. »
L'étude a l'honnêteté de préciser qu'il serait préférable de parler de mise à disposition et/ou de téléchargement illégal de livres au format numérique plutôt que de piratage. Rappelant que le terme piratage, dans son acception judiciarisée, évoque davantage un phénomène de contrefaçon organisée dans un but lucratif, alors qu'avec les livrels, il s'agit d'offrir de la culture.
« Le téléchargement illégal des livres sur Internet n'est pas nouveau, mais il semble décoller depuis le milieu de l'année 2008 à travers le monde. »
« L'évaluation du nombre de livres disponibles en téléchargement illégal reste complexe. Mais nous l'estimons, à l'été 2009, de 4 000 à 6 000 titres différents, dont 3 000 à 4 500 bandes dessinées. Ce montant

représente moins de 1 % des titres disponibles légalement au format papier. »

Les auteurs dont le plus de titres sont disponibles en téléchargement illégal : Gilles Deleuze (13) Bernard Werber (11) Amélie Nothomb (11) Frédéric Beigbeder (7) Jean-Paul Sartre (6) Albert Camus (5) et Michel Foucault (4).

Nous pouvons donc diviser la mise à disposition en deux catégories : celle de fans de romans disons grand public et celle des œuvres difficiles, sûrement objets de recherches.

Le téléchargement non autorisé concerne en priorité des parutions contemporaines (les 2 / 3 ont moins de dix ans), mais un quart des livrels ont été publiés durant les quatre dernières années.

Cette illégalité puise même une partie de ses racines dans la politique des éditeurs : plus d'un quart de ces livrels les plus téléchargés ne sont plus disponibles en format papier. Et 94,9 % des livres piratés analysés ne disposent pas d'une offre numérique légale.

La conclusion de l'étude conseille aux éditeurs de développer leur catalogue numérique (condition sine qua non pour concurrencer l'offre illégale), proposer des livrels de qualité (car les fichiers piratés sont de bonne qualité) et de proposer des prix attractifs. Mais aussi développer des systèmes de surveillance du net autour de leurs livres.

EbookZ 2 : l'offre numérique illégale en 2010

18 mois plus tard... est-ce que la démultiplication rapide de plateformes de distribution et le lancement de l'iPad en France ont eu une influence ?

« Tout se passe comme si la période de transition se

prolongeait concomitamment au décollage du marché du livre numérique en France. Le piratage n'est pas encore massif mais il s'accélère, et le délai de piratage des nouveautés semble plus court. »

« Le meilleur moyen d'enrayer le développement du piratage est la mise en place d'une offre légale attractive et de qualité. Reste à déterminer précisément ce que constitue l'attractivité de cette offre et dans quelle mesure le marché rencontre les usages (et réciproquement), car il existe un risque d'accroissement du piratage avec le développement du légal numérique, tant que la qualité du légal ne l'emporte pas sur la qualité des fichiers pirates. »

Estimation du nombre de fichiers illégaux disponibles :
- 2 000 à 3 000 titres hors BD
- 30 000 à 35 000 titres de bandes dessinées, dont environ 6 000 à 7 000 titres sont réellement accessibles (la majorité des fichiers sont partagés en peer to peer avec très peu de sources de téléchargement).
Titres piratables livres + BD : 8 000 à 10 000.
Pour un nombre de titres disponibles en offre légale papier de 619 800.

« Le téléchargement illégal de livres est un piratage résiduel dans un secteur qui n'a pas encore connu de commercialisation numérique massive. Ce taux de piratage progresse néanmoins avec la mise à disposition d'ebooks au format numérique. »

L'offre légale numérique est évaluée entre 60 000 et 70 000 titres.

« La grande différence avec « EbookZ 1 » tient donc à l'importance prise par le téléchargement direct (DDL), au détriment de l'échange de fichiers en peer to peer. »

« Il est nécessaire de rappeler que les résultats de notre étude doivent être pris avec précaution, compte tenu de la volatilité des échanges sur Internet et de la difficulté d'établir avec certitude des échantillons représentatifs sur des données illégales. »

« La grande majorité des fichiers d'ebooks (79 %) restent au format PDF, le plus pratique pour une lecture multi-supports.
La nouveauté entre la fin de 2009 et la fin de 2010 est l'apparition de fichiers ePub pirates, qui étaient quasi-inexistants avant l'été 2009. »
« Contrairement aux films et à la musique, le piratage des livres n'est pas encore immédiat : il touche encore minoritairement les nouveautés en rayon. Ainsi le piratage concerne pour plus de la moitié la période allant de 2001 à 2008, des titres "long-sellers." »

« Le piratage n'est pas encore massif mais il s'accélère, et le délai de piratage des nouveautés semble plus court.
À titre d'exemple, à l'heure où nous écrivons, le best-seller de Stéphane Hessel, *Indignez-vous !*, est disponible sur les réseaux pirates seulement quelques semaines après le début de son « buzz » médiatique. »

Et ce rappel :
« Le meilleur moyen d'enrayer le développement du piratage est la mise en place d'une offre légale attractive et de qualité. Propos aujourd'hui partout relayés par les acteurs du livre dans les nombreux débats professionnels sur le numérique, y compris par les élus au sein de l'Assemblée nationale. »

EbookZ 3 fut publié en mars 2012, observation 2011 (enfin, évolution du piratage de livres sur Internet entre janvier 2011 et mars 2012), et depuis, cet organisme subventionné nous a privé d'une version 4 alors que le numérique prend de l'ampleur !

Nouveau document sans réel intérêt, allant jusqu'à reprendre une "*étude de GFK sur le piratage du livre numérique en Allemagne*" avec en conclusion « *81 % des personnes interrogées ayant téléchargé illégalement déclarent que l'envoi d'avertissements les ferait cesser leurs téléchargements illégaux.* »

Ce motif (de satisfaction pour certains ?) semble désormais s'adonner à une autre forme de communication, comme la "*journée organisée par le Département de la Seine-Saint-Denis et le MOTif à la bibliothèque des Lilas*" : "*les enjeux du numérique en bibliothèque*" (19 septembre 2013)

En mars 2013, peut-être en remplacement du "EbookZ 4", il y eut "*Pratiques de lecture et d'achat de livres numériques*", le MOTif s'étant associé au « *médialab de Sciences Po pour réaliser une analyse comparative des fonctionnalités de 20 plates-formes de vente d'ebooks et examiner la population actuelle des usagers de livres numériques* »

Document sans réel intérêt. Mais l'argent prétendu de la Culture paye ce genre d'études... Financièrement, il vaut mieux être salarié de ce Motif qu'écrivain.

Certes, on peut présager qu'être salarié de cet organisme doit laisser bien du temps libre...

On peut lire ces documents, qui peuvent être plus intéressants que le même sujet repris par un journaliste du *Monde*. Ces gens-là observent, les écrivains doivent agir...

Agitation sur le numérique au CRL Midi-Pyrénées

Le département du Lot est situé dans la région Midi-Pyrénées.
Le CRL, Centre Régional des Lettres, Midi-Pyrénées, devrait figurer dans mes contacts réguliers ?
Naturellement, depuis des années, je dénonce la politique de cet organisme.

Avril 2011, communiqué de presse du CRL Midi-Pyrénées, par l'intermédiaire de monsieur Hervé Ferrage, son directeur.
Sobrement intitulé : *LE NUMERIQUE ET LES MÉTIERS DU LIVRE ;* la création d'un groupe de travail régional sur le livre numérique. Leur objectif : un livre blanc.
Intéressant ? Qui, dans ce groupe de travail ? Des *"professionnels du livre et de la lecture."*

Deux membres de structures financées par la région Midi-Pyrénées : naturellement Hervé Ferrage, le directeur du CRL, qui devrait avoir les mêmes approches que Jean-Paul Lareng, directeur de l'ARDESI Toulouse (Ardesi, Agence Régionale pour le Développement de la Société de l'Information en Midi-Pyrénées, une association Loi 1901, créée et financée par la Région Midi-Pyrénées).

Quatre éditeurs : Patrick Abry, des *Editions Xiao Pan* de Figeac (monsieur Martin Malvy, président de la région, fut maire de Figeac) ; Marie-Françoise Dubois-Sacrispeyre, *Editions Erès* à Toulouse ; Philippe Terrancle, des *Editions Privat* à Toulouse, et on peut classer Joël Faucilhon chez les éditeurs, étant donné qu'il représente *Lekti-ecriture* d'Albi (organisme qui rassemble 70 éditeurs indépendants selon leur site internet).

Trois libraires : Benoît Bougerol, président du Syndicat de la Libraire Française et directeur de *La Maison du Livre* de

Rodez ; François-Xavier Schmitt, de *L'Autre Rive* à Toulouse ; Christian Thorel d'*Ombres Blanches* aussi de Toulouse.

Six représentants d'organismes publics au sens large : Michel Fauchié, de la Médiathèque José Cabanis à Toulouse, chargé des technologies numériques ; Marie-Hélène Cambos, des archives départementales de la Haute Garonne ; Frédéric Bost-Naimo, de la Médiathèque de Colomiers, noté "*bibliothécaire du secteur Musique*" ; Karine de Fenoyl, de la Médiathèque Municipale d'Albi, aussi responsable du secteur Musique ; Jean-Noël Soumy, conseiller pour le livre à la DRAC ; Sandrine Malotaux, directrice SCD de l'Institut national polytechnique de Toulouse.

Et un auteur, Xavier Malbreil, qui a donc accepté d'être le représentant des auteurs face à ces gens qui n'écrivent pas. Mais que les notables se rassurent, l'auteur n'est pas un de ces indépendants qui essayent de vivre de leur plume contre lobbies et préjugés, il est enseignant. Mes recherches : critique d'art numérique et enseignant à l'université de Toulouse II-Le Mirail, auteur d'un livre intitulé *La Face cachée du Net*, publié en 2008 chez *Omniscience*.

Observer la liste de ces "*professionnels du livre et de la lecture*" est suffisant pour connaître les grandes lignes du livre blanc qu'ils présenteront sûrement comme un document essentiel, remis à monsieur Martin Malvy et validé comme la nouvelle ligne directrice de la politique de la région en faveur du livre.

Ils peuvent même annuler leurs réunions et se contenter du communiqué de presse, des deux points : « *le numérique est devenu un enjeu central*" et "*les pratiques des lecteurs et leurs évolutions dicteront leur loi.* »

Certes, ils confessaient immédiatement leur apriori en écrivant : « *les libraires indépendants lancent leur portail de la librairie indépendante, 1001libraires.com, et défendent leur rôle indispensable de médiateurs.* »
Décidément, on ne peut rien espérer du CRL dans cette région.
Ah, l'utilisation de l'argent public...

Mai 2012, ils en sont où ? « *D'ici l'été 2012, le groupe de travail proposera un ensemble de recommandations sous la forme d'un livre blanc du numérique* » se contente de signaler leur site. Sans même nous fournir quelques-unes des grandes recommandations qui ne manqueront pas de révolutionner le secteur !

Novembre 2013 ? Rien ! Hervé Ferrage est parti : nouveau directeur de l'Institut français de Budapest. Laurent Sterna a été nommé Directeur le 15 octobre, il venait de la Direction de la culture et du patrimoine de la Région PACA.
Hervé Ferrage est parti sans avoir répondu à un seul de mes messages. J'écris à Laurent Sterna…

Quand les livres seront numériques, plus personne n'en achètera… prétendent des plumes de mauvais augure.

La barre du million d'exemplaires d'un livre numérique a été franchie...

Le vainqueur est Stieg Larsson.
Qui ne saura donc jamais, comme il ignora le triomphe de la version papier de sa trilogie *Millenium.*
(hé oui, encore aujourd'hui, on peut être fauché par une crise cardiaque avant la parution de ses meilleurs livres...)

Avec *The Girl With the Dragon Tatoo* (en français : *Les hommes qui n'aimaient pas les femmes*), le premier roman de sa saga.
Knopf, la filiale de Random House, l'éditeur américain de cette saga, a annoncé, en avril 2011, ce passage au million de ventes numériques.

Nora Roberts fut, elle, la première à vendre plus d'un million d'exemplaires numériques... tous livres confondus, et son éditeur, Penguin Group USA, avait naturellement célébré l'événement.

Amazon tient à jour sa petite liste des auteurs qui ont vendu plus d'un million d'ebook pour son Kindle. Naturellement, aucun français ni francophone.

1) Stieg Larsson. C'est en juillet 2010 qu'Amazon.com l'annonçait : Stieg Larsson est devenu le premier écrivain à franchir ce seuil du million d'ebooks vendus au format numérique Kindle. En cumulant les trois épisodes de sa série Millennium (*Les hommes qui n'aimaient pas les femmes, La fille qui rêvait d'un bidon d'essence et d'une allumette, La reine dans le palais des courants d'air*)

2) James Patterson. C'est en octobre 2010, qu'Amazon avait annoncé le premier passage de cette barre mythique par un auteur vivant : l'auteur de chez Hachette Book Group (Hé oui, un Lagardère boy), l'auteur d'une série "Maximum Ride".

3) Nora Roberts,

4) Charlaine Harris,

5) Suzanne Collins, devenue la première auteure pour enfants dans ce "club". Auteure de série « The Underland Chronicle. »

6) Lee Child, auteur de thrillers avec le personnage de Jack Reacher.

7) Michael Connelly

8) John Locke. En juin 2011, le premier auteur indépendant. Il a vendu à 0,99 dollars ses ebooks.

9) Janet Evanovich. Mi aout 2011.

10) Kathryn Stockett. Mi aout 2011.

11) G.R.R. Martin. Annonce du 19 septembre 2011 d'Amazon.

12) David Baldacci.

13) Amanda Hocking.

14) Stephenie Meyer.

La newsletter du 22 novembre 2011 de Kindle Direct Publishing annonçait ces trois arrivées dans le cercle fermé. Il était précisé qu'en plus de John Locke et Amanda Hocking, douze auteurs de la plateforme du Kindle Direct Publishing (KDP) ont vendu 200 000 livres chacun et trente en ont vendu plus de 100 000 livres.

Edition papier rime avec pilon…

Dans les économies liées au passage à l'édition numérique, *bizarrement*, pas un mot sur le pilon. Certes, parler des invendus, ça ne se fait pas ! Il faut cacher que chaque année cent millions de livres en papier sont ainsi détruits. Hé oui, les ventes ne sont pas toujours à la hauteur des espérances, du marketing.
Un livre numérique qui ne se vend pas n'aura pas à être détruit ! Vous ne l'aviez pas remarqué ?

Rien que pour la fin du pilon, ce serait quand même pas mal de ne plus imprimer certains livres !

Pour expliquer ce phénomène du pilon, j'avais rédigé une tribune fin 2006, naturellement à l'audience restreinte.

Edition et pilon en France : des livres par millions (100)

Quand l'actualité littéraire manque de sujets, les chroniqueurs installés prennent parfois leur plus belle plume pour dénoncer une conséquence de l'édition à la française : chaque année une centaine de millions de livres sont pilonnés.
Pilonner : terme traditionnel pour signifier la destruction d'un livre invendu.
Naturellement, ces chroniqueurs dressent un tableau apocalyptique mais évitent de dénoncer les causes. Ils ne peuvent pas ! Ils vivent de ce système.
En moyenne, 500 millions de livres imprimés chaque année en France dont 400 millions vendus et 100 millions détruits.
Et tout le monde de ce petit monde subventionné est finalement content : les auteurs peuvent publier même leurs mauvais livres, les éditeurs ont des chiffres pour

éviter de verser des droits d'auteur décents, les libraires et grandes surfaces font leur beurre, comme les distributeurs.
Certes, les lecteurs se plaignent parfois du prix élevé (avec une TVA à 5,5% l'Etat ne peut même pas servir de bouc-émissaire) et d'une qualité nothombienne.
Ne comptez pas sur ces chroniqueurs installés pour proposer des solutions.

Libération du 18 janvier 2005 : « *On achève bien les bouquins* », où Edouard Launet raconte sa visite à Villeneuve-le-Roi, à un énorme broyeur de livres qui dévore 80 % du rebut de la production nationale. « *110 millions de livres finissent chaque année déchiquetés au pilon. Un cinquième de la production française...* »
Illustré de photos de piles de livres dévorés : « *grands rouleaux hérissés de marteaux pointus qui tournent inlassablement, explosant du papier dix heures par jour.* »
« *Quand la machine bleue a fait son office, la presse prend le relais. Elle compacte les fragments de pages et expulse des balles d'environ deux mètres cubes ceinturées de fil de fer. Ça se revend entre quinze et trois cent cinquante euros la tonne.* »
Chiffres 2003 sûrement officiels : 533 millions de livres sortis des presses des éditeurs de l'hexagone, 423 millions vendus, 110 millions au pilon.

Dans l'*Humanité* du 22 janvier 2005, Régine Deforges rebondit, pérore sur « *le cimetière des livres.* »
Naturellement, ses premières lignes dressent un état des lieux connu mais qu'il est bon de rappeler par un auteur installé autorisé :
« *Nous autres, écrivains, savons bien que la vie d'un livre est courte et que s'il ne trouve pas son public dans le mois qui suit sa sortie, il est condamné au pilon, c'est-à-dire à la destruction, pour laisser la place à d'autres. Quand on*

sait qu'un livre, pour ne parler que des romans, demande à son auteur entre deux et trois ans de travail quotidien, un mois pour le faire connaître, c'est peu. Quand on sait que, chaque année, l'édition française publie plus de cinq cents millions d'ouvrages dont plus de cent millions seront détruits, cela plonge l'écrivain dans un profond malaise. » Admirons le fatalisme du *nous autres, écrivains, savons bien...* Comme si cette dérive relevait d'une convention collective du gribouilleur.

Elle apporte aussitôt une vision très humaniste (nous sommes dans l'*Humanité* !), celle de millions de lecteurs potentiels, qui seraient ravis de recevoir ces livres, pour aussitôt, naturellement, la balayer au nom des réalités :

« À cela, les éditeurs rétorquent qu'envoyer des livres dans les pays pauvres coûterait plus cher encore que de les stocker ; d'où la nécessité de les détruire. » Logique ! Tout est vraiment pour le mieux dans le meilleur du Tout-Paris (et en plus, Régine Deforges fut payée pour une telle analyse).

Puis elle s'intéresse à son microcosme :

« Dans le milieu éditorial, on ne voit pas la solution. "Publiez moins", disent les critiques envahis, chaque jour, par les services de presse des nouveautés. »

Elle cite, c'est très instructif, une déclaration du Syndicat National de l'Edition : *« Le pilon, ce n'est ni négatif ni scandaleux. C'est au contraire un régulateur nécessaire du secteur. »* Ah ! Si un syndicat a dit, l'*Humanité* approuve !

Vous croyez peut-être que le pilon concerne uniquement la production industrielle rédigée par des nègres pour des stars ?

En 1997, Julien Green envoie deux lettres recommandées chez Fayard, dénonce ses contrats et récuse son « agent général. » L'écrivain reproche à son éditeur un trop grand nombre d'exemplaires envoyés au pilon (et des tirages inférieurs au minimum fixé, 5 000).

Son fils adoptif poursuivra la procédure après sa mort en août 1998. Le 26 mai 1999, premier jugement : Fayard perd ses droits sur l'œuvre de Green (et condamnation à 100 000 francs de dommages et intérêts). L'éditeur interjette appel... et obtient gain de cause ! Le 20 décembre 2000, Jean-Éric Green est débouté de toutes ses demandes ! Son pourvoi en cassation ne donnera rien : notre juridiction suprême tranche définitivement, en 2001, en faveur de Fayard.

Les syndicats, la justice, les écrivains fatalistes, c'est l'unanimité. Mais un auteur qui accepte le pilonnage de ses livres ne mérite pas d'être lu ! Un livre, ça se respecte.

Cette sentence n'est nullement de Jérôme Garcin ! Il semble d'ailleurs ignorer les articles cités ! Dans le *Nouvel Observateur* du 21 septembre 2006, son édito débute par : « *C'est le grand tabou de l'édition française. Tout le monde sait qu'il existe mais personne n'ose en parler. Il faut imaginer une sorte de monstre du loch ness aux mâchoires gigantesques et à l'appétit inextinguible. Cet ogre masqué engloutit 100 millions de livres par an.* »

Son constat n'est qu'une simple chronique d'un roman intitulé « *le pilon* » de Paul Desalmand... « il faut savoir que, sur les quelque 700 romans qui viennent de paraître, la majorité est promise à l'enfer du pilon. »

Mais aucune proposition de réforme.

La solution existe pourtant : le refus du pilon par l'auteur qui prévoit, par contrat, la condamnation de son éditeur à dix fois le prix de vente par livre envoyé au pilon.

Ce n'est pas réaliste, je sais ! L'auteur est tellement heureux de signer...

D'où le rôle du législateur : les parlementaires peuvent

aisément guérir le monde du livre de sa maladie du pilon...
en s'inspirant de la chanson !

Une société de pressage (reproduction CD, DVD,
cassettes, vinyle...) est autorisée à lancer la fabrication
uniquement si elle a reçu l'autorisation SDRM (Société
pour l'administration du droit de reproduction mécanique),
envoyée uniquement après paiement des droits d'auteur.
Environ 8% du prix de vente. La SDRM collecte ces
sommes destinées aux ayants droit, reversées par la sacem.

S'inspirer et non copier ! Inutile de créer une société...
SACEM-SDRM ingurgitent environ 20% des droits (il
faut bien payer monsieur Bernard Miyet, président du
Directoire de la Sacem). Il suffit d'un formulaire où
l'auteur atteste avoir perçu ses droits pour X exemplaires.
**Avec un tel procédé, les éditeurs hésiteraient à
fabriquer des livres uniquement pour remplir tables et
rayons.**

Oui, le producteur de musique verse les droits d'auteur
avant de fabriquer le support, donc avant de vendre (les
ventes par souscription sont marginales). Les éditeurs
s'indigneront, hurleront qu'on veut tuer une activité « déjà
sinistrée », qu'elle a besoin d'aides, de subventions, et non
de cette « mauvaise chanson »...

Editer une carte postale ? En France, chaque année, les
éditeurs envoient cent millions de livres au pilon. Pour
guérir le monde de l'édition de sa maladie du pilon,
inspirons-nous de la chanson : comme le producteur d'un
album doit attester avoir versé les droits d'auteur avant la
fabrication, que l'éditeur paye les écrivains sur le nombre
d'exemplaires imprimés.

Un site fut créé pour cette chronique :
http://www.festivaldulivre.info
Il s'agit naturellement d'ironiser sur le terme festival du livre, en imaginant le sourire des ouvriers chargés de ce grand show.

Malgré le peu de réactions sur ce « portail du pilon », aucun doute : les écrivains préféreraient toucher les droits d'auteur avant la fabrication des livres. Certains ont certes un à-valoir, qui a un peu cette signification. C'est une généralisation qu'il s'agirait d'obtenir du législateur, avec un taux minimum de droits d'auteur (sinon les éditeurs ne manqueraient pas de reporter le risque sur l'ensemble des édités, en baissant le % de droits d'auteur).

Quand l'édition numérique se sera généralisée, on peut imaginer que le législateur s'intéresse à ce dossier (dans l'optique écologiste de ne plus détruire de livre ?) et qu'alors le lancement des machines de l'imprimeur nécessite le paiement de droits d'auteur.

Le pilon peut représenter une chance pour les écrivains qui se sont liés à un éditeur :
le contrat d'édition étant encadré par l'article L 132-1 du Code de la Propriété Intellectuelle précisant « le contrat d'édition est le contrat par lequel l'auteur d'une œuvre de l'esprit ou ses ayants droit cèdent à des conditions déterminées à une personne appelée éditeur le droit de fabriquer ou de faire fabriquer en nombre des exemplaires de l'œuvre, à charge pour elle d'en assurer la publication ou la diffusion » L'article L.132-12 stipule que « l'éditeur est tenu d'assurer à l'œuvre une exploitation permanente et suivie et une diffusion commerciale, conformément aux usages de la profession. » L'article L.132-17 précise que « Le contrat d'édition prend fin, indépendamment des cas

prévus par le droit commun ou par les articles précédents, lorsque l'éditeur procède à la destruction totale des exemplaires.

La résiliation a lieu de plein droit lorsque, sur mise en demeure de l'auteur lui impartissant un délai convenable, l'éditeur n'a pas procédé à la publication de l'œuvre ou, en cas d'épuisement, à sa réédition.

L'édition est considérée comme épuisée si deux demandes de livraisons d'exemplaires adressées à l'éditeur ne sont pas satisfaites dans les trois mois. »

Auteurs, il vous suffit de faire constater que votre livre n'est plus en vente pour en récupérer les droits, pouvoir l'auto-éditer. Quant aux droits numériques, s'ils ne figurent pas explicitement dans le contrat, ils vous appartiennent. Vous avez le choix entre signer un avenant qui les accorde à votre éditeur ou les gérer vous-même.

Le combat pour réduire au maximum le domaine public

Ah ! Comme une multinationale aimerait trouver la subtilité juridique pour réintroduire à son profit des droits d'auteur aux livres du domaine public. Balzac, Molière, Hugo, Sénèque… quitte même à partager cette galette avec une caisse chargée de subventionner des écrivains amis auxquels il serait ainsi encore plus aisé de faire accepter des droits d'auteur rikiki.

Car l'écrivain accepte toujours des droits d'auteur dérisoires quand il espère, finalement, ainsi obtenir les meilleures conditions possibles : meilleures ventes grâce à la publicité, passages à la télévision, articles de chroniqueurs édités par la même maison, en lice pour un prix littéraire dans lequel l'éditeur possède de nombreuses relations…
Le 20eme siècle aura été celui du combat pour retarder au maximum la tombée des œuvres dans le domaine public. Certes pas que les éditeurs ou producteurs se soucient des héritiers des écrivains. Ces plus grandes « avancées » furent obtenues grâce au lobbying de Disney…

Qu'est-ce qu'on en a à foutre que nos héritiers touchent des droits 70 ans après notre disparition ?

Un portail équitable pour le livre numérique

http://www.cinqeuros.fr ne prend aucune commission ni droit d'inscription : le portail référence les livres vendus par les écrivains au tarif de cinq euros maxi. Un portail non subventionné ! Un portail selon Ternoise.

Rien à voir donc avec 1001Libraires.com ! Qui fut « un projet collectif et interprofessionnel », une initiative du Syndicat de la Librairie Française (SLF). Contrairement à ce que l'on pourrait croire, le 11 avril 2011, ce réseau n'est constitué que de 248 librairies françaises. Ces librairies vendent en ligne des livres « numériques et physiques.»

« La société PL2i, chargée de mettre en œuvre le portail des libraires indépendants est une société par Actions Simplifiée (SAS). Son capital est détenu par des libraires et l'ADELC. Elle a bénéficié également d'aides du Cercle de la Librairie et du Centre National du Livre. » Un exemple de dossier agréé par ce cher Centre National du Livre. Ah si les écrivains indépendants avaient les mêmes facilités !

Sur crl-midipyrenees.fr on peut lire parmi les objectifs de ce site : *« favoriser la bibliodiversité et participer à maintenir un écosystème du livre respectant la diversité éditoriale, et le rôle indispensable de médiateurs et de prescripteurs que jouent les libraires. »*

Je ne peux pas lire cette phrase sans sourire ! Et vous ?

Ma web réponse est « naturellement » 1001ecrivains.com. Combien serons-nous à y vendre nos ebooks sans intermédiaire ?

http://www.1001ecrivains.com a ouvert officiellement le 4 mai 2011, un mois jour pour jour après l'autre !

Pour ces deux sites, comme pour tant d'autres du réseau

http://www.ternoise.net que j'ai constitué en l'an 2001, le temps me manque cruellement ! Depuis un an, je me consacre principalement à l'édition de livres. Mais ces espaces existent. N'hésitez pas à me proposer quelques idées, quelques pages de contenu. Même si je tarde souvent à répondre, je suis à l'écoute...

2013 : après avoir bien consommé de l'argent frais, 1001Libraires.com s'est éteint...

L'édition classique en fin de parcours

De la même manière que dans la musique les majors avaient méthodiquement absorbé les labels indépendants pour arriver à un paysage monolithique avec quatre grandes écuries (certes la nature ayant horreur du vide, des indépendants ont essayé mais soit ils se cantonnèrent à sortir des sous-produits validés sur maquette par les majors qui les distribuaient soit ils n'ont pu accéder à la grande médiatisation, les mastodontes ayant accaparé les circuits), le monde de l'édition a connu sa concentration et ses batailles capitalistiques. Vivendi, Lagardère, et même le baron Ernest-Antoine Seillière !

La dérive ne pouvait plus durer : même chez les médiatisés certains se demandent si la concentration des maisons d'édition à la recherche d'une rentabilité toujours plus forte n'est pas un danger pour la diversité des catalogues.

Les industriels ont réussi à convaincre même les vieilles maisons que la rentabilité prime sur la qualité du catalogue.

Quand le directeur financier devient plus important, plus puissant que le comité de lecture ou le directeur littéraire, est-ce encore une maison d'édition ?

Nom du livre électronique ?

Comment dire ?
Un livre électronique ?
Un livrel ?
Un e-book, un ebook ?
Un ibook, i-book ?
Un livre numérique ?

Pour l'instant, ces termes, quelques puristes du langage informatique pourraient sûrement en exposer les différences mais pour le grand public, ils représentent la même chose.
Et seul le temps imposera ou non l'un deux, ou un autre apparaîtra.
C'est très secondaire.

En complément de livre papier
http://www.livrepapier.com
Livre pixels http://www.livrepixels.com
Livre pixels, qu'en pensez-vous ?

Livres numériques et livres numériques... premières distinctions

On parle déjà du livre homothétique pour le distinguer ou l'opposer au livre enrichi, il existe aussi livre application et la création numérique.

Le livre homothétique, c'est une simple transposition numérique du livre papier. C'est de la littérature, avec le texte comme élément unique. Mon catalogue est donc formé de livres homothétiques.

Le livre enrichi... mais de quoi ? On se le demande déjà ! Les premiers livres sous cette appellation manquent cruellement de qualité. Du texte avec un enrichissement audio ou vidéo. Mais qu'apporte cet enrichissement ?
Pour les livres de cuisine ou ceux de sport, c'est sûrement plus important que d'ajouter un bonus à un roman avec une interview de l'auteur ou une vidéo de la région où se déroule l'action.

Mais quand un livre enrichi sera réussi, le texte risque de n'être que secondaire, presque s'effacer pour laisser place à de la vidéo... Ça existe déjà, le cinéma !
On parle aussi du "livre application", comme le livre de cuisine avec vidéos. C'est un peu la même optique que le livre enrichi.
Quant à "la création numérique", certains appellent ainsi une revue multimédia avec son et vidéo.
Bref, ne soyez pas surpris quand vous entendrez parler du livre homothétique !

« Le livre homothétique devrait rassembler l'essentiel du marché du livre numérique dans les quatre à cinq prochaines années. »

M. Frédéric Mitterrand, ministre de la culture et de la communication, au Sénat, le 29 mars 2011.
Il est possible que des parlementaires aient imaginé une autre signification.

Le format des livres électroniques

Le livre numérique est un fichier informatique. Comme tout autre fichier. Il a donc besoin d'être codifié d'une manière qui sera reconnue par un logiciel pour le lire ou le modifier.

Quand les livres se lisaient uniquement sur le net, on utilisait les formats TXT (texte), DOC (Microsoft Word), HTML (hypertext markup language), XML (extensible markup language) et PDF (portable document format).
Les éditeurs sont familiarisés au format PDF (lancé en 1993 par la société Adobe) car il est utilisé par les imprimeurs dans la chaîne du livre papier. Ce PDF imprimeur est un fichier numérique, il est encore considéré comme un ebook et on le retrouve sur de nombreuses plateformes.

Mais avec les « appareils de lecture », rapidement se sont multipliés les formats, quasiment chaque société lançant le sien avec ses propres logiciels en espérant que tout le monde l'adopterait, zéro compatibilité naturellement. Ce fut la déferlante : Rocket eBook Reader, Franklin Reader de l'eBookMan, Palm Reader du Palm Pilot, Glassbook Reader, Peanut Reader, Cytale pour le Cybook, Gemstar eBook Reader...
Comme l'échec fut général, l'idée d'un format unique germa et le National Institute of Standards & Technology (aux États-Unis), lança l'Open eBook Initiative en juin 1998 qui élabora l'OeB (open ebook), basé sur le langage XML.
Le format OeB, défini par l'OeBPS (open ebook publication structure), était prêt en septembre 1999, gratuit et libre de droits. Le format inclut une technologie de gestion des droits numériques, un système de DRM

permettant de contrôler l'accès des livres numériques sous droits.

En janvier 2000, l'Open eBook Initiative, laissa place à l'OeBF (Open eBook Forum), consortium industriel international de constructeurs, concepteurs de logiciels, éditeurs, libraires et spécialistes du numérique avec pour objectif de développer ce format OeB et l'OeBPS.

En avril 2005, l'Open eBook Forum est devenu l'International Digital Publishing Forum (IDPF), et le format OeB fut transformé en format ePub. Les fichiers ont alors l'extension .epub

EPUB est prétendument conçu pour faciliter la mise en page du contenu, le texte étant ajusté au type d'appareil... ce qui n'est pas une très grande révolution, le PDF peut aussi s'afficher en variant la taille, comme une page Internet.

Ce format epub est celui des tablettes dites à encre électronique.

Ainsi, désormais, un livre électronique peut toujours s'afficher dans le langage classique des sites Internet (HTML), se consulter comme un site. Il peut aussi s'ouvrir au format PDF, c'est mon format préféré. Et donc ce format ePub.

Comme pour lire un PDF sur PC ou MAC, il faut Adobe reader (le plus souvent préchargé sur les ordinateurs ou téléchargeable gratuitement), pour lire un epub il faut télécharger Adobe Digital Edition (ADE), un gratuit aussi.

Les tablettes sont compatibles avec Adobe Digital Edition, ce qui permet, quand une tablette est branchée à l'ordinateur, de glisser le livrel sur la tablette.

Amazon utilise son propre format, très proche de l'epub. Il suffit d'un logiciel pour obtenir la codification nécessaire au Kindle.

Adobe Digital Edition ayant été conçu pour gérer les DRM, à l'installation du programme il est possible de reconnaître l'ordinateur afin qu'il lise les ebooks protégés par DRM... ce qui est indispensable si vous achetez des ebooks verrouillés par DRM.

Coluche aurait sûrement conclu : il suffirait que personne n'achète d'ebooks ainsi verrouillés pour que DRM dégage.

Comment lire le livre électronique ?

Sur ordinateur, téléphone, PDA (Agendas électroniques, assistant personnel), smartphone (fusion du téléphone portable et du PDA), tablette ou "liseuse."

Il est impossible de lire un livre électronique sans avoir mal aux yeux au bout de quelques minutes... ce n'est plus la réalité !

Au commencement, il y eut... l'ordinateur, le passage du format texte au pdf.

Le Kindle, le lecteur de livres d'Amazon, ne fut lancé qu'en novembre 2007... Et l'iPad d'Apple en mai 2010.

Entre temps, il y eut tout ce qui rassurait le microcosme de l'édition papier, satisfait de la conclusion : la lecture de livres numériques est désagréable.
Comme les agendas électroniques puis les Smartphones.
Et les premières tablettes de lecture : les éphémères Rocket eBook (créés par la société NuvoMedia, financée par la chaîne de librairies Barnes & Noble et le géant des médias Bertelsmann), le SoftBook Reader ou le Gemstar eBook...

Les appareils de lecture se transformeront régulièrement, les machines seront de plus en plus performantes et moins chères (Kindle à 59 euros fin 2013 !). Quels modèles s'imposeront ? Etre solides et légers tout en restant économiques et permettant un véritable confort de lecture,

Nos livres numériques doivent exister dès maintenant, ensuite il faudra simplement suivre les formats de lecture, sûrement recoder régulièrement.

PDA… Un assistant numérique personnel, un petit appareil numérique portable.
Qui faisait d'abord calculatrice, agenda, carnet d'adresses et bloc-notes.
Avec un clavier, des petites touches, un écran tactile.

C'est le 7 janvier 1992, au Consumer Electronics Show à Las Vegas, que le terme PDA fut lancé, par John Sculley, qui présentait le Newton d'Apple.
Mais on peut considérer que le PDA existait déjà en 1984 : le Psion Organiser !
Vers l'an 2000, tous les fabricants de PDA ont intégré un logiciel de lecture d'ebooks, qui s'ajoutait à l'agenda, au dictaphone, au lecteur de MP3...
La petitesse de l'écran ne rebute pas certains qui deviennent accros à la lecture sur PDA !

Le PDA s'est modernisé au point de n'avoir plus grand chose à envier à l'ordinateur, sauf la taille de l'écran !

Quand les téléphones portables ont intégré les mêmes fonctionnalités que le PDA... le smartphone est né !

Quelle différence ? Un écran plus grand pour le PDA donc légèrement moins maniable que les smartphones.

Pour smartphone, des termes de substitution sont naturellement officiellement demandés en France : « terminal de poche » et « ordiphone. »
Au Canada, on apprécie « téléphone intelligent » mais « ordiphone » est le bienvenu.
Smartphone s'emploie néanmoins partout.

En 2011, il existait déjà 1,6 milliard de smartphones en circulation dans le monde... Samsung, Nokia et Apple dominent ce marché... même si la lecture de l'ebook n'est pas pratique sur cet écran, on ne peut que s'intéresser à cette possibilité d'être lu.

Tablette n'est plus liseuse...

Les termes *tablette* et *liseuse* furent employés pour les mêmes appareils. Désormais on effectue des distinctions. Ipad est une tablette. Kindle est une liseuse.

Pour qui souhaite lire des livres électroniques, la liseuse est parfaite.
La liseuse, pensée uniquement pour le livre électronique, offre un véritable confort de lecture.
Lire des heures sans se fatiguer les yeux devient possible : la liseuse utilise la technologie dite de l'encre électronique.

La tablette est multimédia, internet, applications, films, jeux...

Ainsi, logiquement, la liseuse est moins chère, à partir de 100 euros (59 en 2013 pour le Kindle).
Alors que les tablettes débutent quatre fois plus haut.

Alors que 17,6 millions de tablettes tactiles s'étaient vendues en 2010 (430 000 en France), en 2011 ce furent 63 millions... dont 1,5 million en France. Près de 120 millions en 2012 (3,6 millions en France).
Et en France, au premier semestre 2013 ce serait 2 millions d'unités. Objectif 6 millions dans l'année.

Lancé par la librairie en ligne Amazon.com en novembre 2007, le Kindle a le format d'un livre (19 x 13, 1,8 cm d'épaisseur, et seulement 289 grammes), un écran noir et blanc (6 pouces, 800 x 600 pixels), un clavier, une mémoire de 256 Mo (extensible par carte SD), une connexion sans fil ainsi qu'un port USB. En février 2009, ce fut le Kindle 2.

Au sujet du modèle économique Kindle : en 2009, le coût estimé de sa fabrication était de 185 dollars et il était vendu 350. En mai 2010, l'appareil fut baissé à 190 dollars. Et la possibilité du kindle gratuit est parfois évoquée. Gratuit... à condition d'acheter du contenu.

En avril 2011, Amazon annonçait seulement un Kindle à 114 dollars... avec de la publicité.

Obtenez le Kindle moins cher mais laissez-nous parsemer vos romans de pubs !

Concurrents : la gamme de readers Sony et celle de Bookeen (société française). Fin 2010, France Loisirs, la librairie Chapitre et la Fnac ont lancé leur propre reader.

Environ 12 millions de Kindle vendus fin 2011... Et quasiment rien en France…

L'absence d'une véritable distribution du Kindle fut pour les écrivains français indépendants un lourd handicap… et sûrement un ouf de soulagement chez les éditeurs membres du SNE... le 7 octobre 2011 restera donc une date cruciale avec l'arrivée en France du Kindle, suivi un mois plus tard par le partenariat Kobo-Fnac.

La tablette électronique conçue et développée par Apple.
Ou ardoise électronique ?

L'iPad 1 est sorti en France le 28 mai 2010 et l'iPad 2 le
25 mars 2011.
Selon Steve Jobs, il s'est vendu un iPad toutes les trois
secondes durant les 80 jours après son lancement, soit 3
millions d'exemplaires.
Apple affirme qu'en 9 mois (avril, premières sorties
mondiales à décembre 2011), il a vendu plus de 15
millions de tablettes.
Apple communique des chiffres quand il en a l'envie !
Selon le cabinet Sregie, 805 000 exemplaires auraient été
achetés en France.

En septembre 2012, Apple annonça avoir vendu 84
millions d'iPad dans le monde, tous numéros confondus.
En trois mois, avril, mai, juin 2012, ce sont 17 millions de
tablettes que la firme a écoulé et dans un marché en
croissance exponentielle, sa part de marché serait de 68%
en 2012 (62% en 2011)... malgré un prix peu attractif !

Le 7 mars 2012, Apple présentait le numéro 3, avec un
écran "Retina". Mais dès le 23 octobre 2012 il annonçait
déjà l'iPad 4 et un iPad Mini...

La part de marché d'Apple aurait été de 66 % dans le
monde en 2011 et 90 % en France.

Créer un fichier PDF

Si vous avez déjà fourni une maquette à un imprimeur, vous avez sûrement généré un fichier PDF à partir de Word ou Works, en simulant une imprimante via CutePDF Writer ou PDF creator, générateurs gratuits de PDF.
Il en existe d'autres, et même des payants, des générateurs de PDF.
La seule différence avec la maquette destinée à l'imprimeur, c'est simplement que tout est situé dans un seul fichier : la couverture en première page.
CutePDF Writer et PDF creator me semblent suffisants et leurs résultats satisfont les plateformes où mes ebooks se vendent à ce format.

Créer un fichier ePub

Donc, en plus du PDF, il faut proposer le format ePub.
Deux numéros d'ISBN à prévoir.
Créer un epub n'est qu'une opération technique de plus.

Google propose un logiciel pour convertir en ePub les
formats Word, RTF, DocBook, TEI et FictionBook
http://code.google.com/p/epub-tools/
C'est en anglais.

J'au d'abord utilisé CALIBRE (http://calibre-ebook.com)
qui cumule les avantages d'être gratuit, paramétrable en
français et facile d'utilisation.
Il transforme des fichiers .rtf en .epub, la photo de
couverture est insérée lors de la transformation, quand elle
est déjà présente dans le document, elle n'est pas
reconnue. Ce moulinage numérique en partant d'un fichier
rtf donne un meilleur résultat qu'avec la version pdf.

Le traitement de textes Atlantis est intéressant mais payant
(35 dollars US). Un essai gratuit d'un mois est proposé.
Atlantis est un traitement de textes pour PC, avec une
version en français
http://www.atlantiswordprocessor.com/fr/, qui lit la
plupart des fichiers texte et les exporte au format ePub de
qualité un peu meilleure que Calibre. Il permet surtout de
gérer les tables. Je l'utilise.

Les offres pour générer des **fichiers ePub** évolueront
naturellement à très grande vitesse, tout comme le format
ePub. C'est pourquoi je conseille la plus grande simplicité
possible dans la mise en page. Les générateurs génèrent
parfois des bizarreries… certes moins que les traducteurs
automatiques…

Créer un ebook pour Kindle

Deux hypothèses. Soit vous passez par la plateforme d'autopublication d'Amazon et alors les logiciels nécessaires et les explications sont fournies dans votre espace membre, soit vous êtes distribué, et dans le meilleur des cas votre distributeur réalise la codification Kindle à partir d'un epub.

Si ce n'est pas le cas, ou si vous souhaitez simplement réaliser un ebook pour vos proches, le plus simple est de vous inscrire gratuitement à la plateforme d'Amazon et d'utiliser leurs logiciels.

Doit-on « protéger » les ebooks par des DRM ?

DRM, cet acronyme de « Digital Rights Management », recouvre, selon la formule régulièrement employée, les procédés techniques de protection des droits pour les contenus numériques.

DRM est apparu dans les MP3, avec la conséquence pour les consommateurs de ne plus pouvoir écouter librement la musique achetée. Depuis, les sites musicaux ont compris qu'ils se condamnaient en verrouillant ainsi les produits légalement achetés.

Mais la protection par DRM a de nombreux partisans dans le monde du livre.

« Les éditeurs ne veulent pas s'interdire a priori d'utiliser des DRM. Ces protections vont devenir de plus en plus interopérables et permettent déjà de larges usages : six copies d'un même fichier. Elles ne permettent pas seulement de « verrouiller » les œuvres, mais aussi de définir des usages et des modèles économiques : impression ou non, prêt qui permet de vendre aux bibliothèques... Bref, à la condition de ne pas imposer de contraintes techniques excessives aux lecteurs, elles sont favorables à la création d'un marché du livre numérique en France. »
http://www.sne.fr/informations/livre-electronique-03-09.html

Naturellement, mes livres ne sont pas « protégés » par DRM.

Le rôle social du livre numérique

Naturellement, il faut l'outil, l'ordinateur ou un appareil moins perfectionné mais plus maniable. Donc ce ne sont pas encore les six milliards de terriens qui ont accès au livre numérique. Ni les deux cents millions de francophones.
Inutile de chercher une statistique sur le taux d'équipement en appareils de lecture, en France. À laquelle on ajouterait les personnes bénéficiant d'un accès gratuit sans posséder l'appareil.
Cette population dépasse de toute manière celle des personnes qui achètent au moins un livre par an.
Il s'agit maintenant de les convaincre que la lecture peut apporter plus que la télévision.

Dans le rôle social : l'accès aux livres pour les personnes handicapées. Ainsi les aveugles peuvent consulter des ebooks via une traduction en braille ou une synthèse vocale. Les malvoyants peuvent paramétrer la taille et la police des caractères...

Et naturellement, le livre numérique est la réponse nécessaire au poids excessif des cartables : le cartable numérique devrait s'imposer durant la décennie. Il semble freiné par les éditeurs qui se soucient peut-être moins du dos des écoliers que de leur rente de situation.

Quant aux francophones hors hexagone, par exemple ceux d'Afrique, déjà aujourd'hui plus ont accès à Internet qu'à nos livres en papier...

L'histoire de l'ebook est déjà longue... elle s'inscrit dans l'Histoire du livre

Inutile de reprendre l'historique du support des écrits, de la pierre aux os en passant par le papyrus.

L'histoire du livre papier, elle, débute en 1454 ou 1455 : *la Bible* fut imprimée par Gutenberg à 180 exemplaires, dans son atelier de Mayence, en Allemagne.

Il resterait 48 exemplaires de cette première, dont certains incomplets.

L'histoire de l'ebook débute en 1971. Eh oui ! En juillet 1971, quand Michael Hart lance le Projet Gutenberg. Son ambition était alors de distribuer gratuitement les œuvres du domaine public par voie électronique.

Etudiant à l'Université d'Illinois, Michael Hart utilisa les machines du laboratoire informatique (Materials Research Lab) et numérisa au format ASCII. D'abord le 4 juillet 1971, de manière symbolique, *la Déclaration de l'indépendance des États-Unis*. Jim Morrison était mort la veille, à Paris. Ce projet l'aurait séduit ? Etait-ce pour noyer sa tristesse du décès du chanteur des Doors que Michael Hart numérisa ce jour-là ?

http://www.gutenberg.org propose désormais 33 000 livres, légalement. La plupart sont en anglais. Quand même plus de mille en français où Zola et Proust sont nettement mieux représentés que Balzac.

C'est naturellement l'arrivée du web, au début des années 1990 aux Etats-Unis, qui lança la grande dynamique du Projet Gutenberg, qui avait longtemps dû se contenter de l'augmentation de la capacité des disquettes comme bonnes nouvelles pour les premiers volontaires qui numérisaient, numérisaient...

En janvier 1994, le Projet Gutenberg mettait en ligne son centième livre : *The Complete Works of William Shakespeare* (Les œuvres complètes de William). En octobre 2003, ce sera le 10 000eme.

Ainsi, de juillet 1971 à octobre 2003, 32 ans furent nécessaires pour numériser les 10 000 premiers livres, alors que seulement trois ans et deux mois, d'octobre 2003 à décembre 2006, le seront pour les 10 000 suivants.

Michael Hart est mort d'un simple infarctus, dans la nuit du 6 septembre 2011 à Urbana dans l'Illinois.

Pierre Lévy, philosophe, le 16 janvier 1998

Je suis né un 16 janvier. Mais le 16 janvier 1998, *Libération* ne me consacre pas une ligne. Ce n'est pas surprenant. Je retiens néanmoins quelques lignes de ce *Libération* du 16 janvier 1998 :
le philosophe Pierre Lévy prétend qu'Internet va déboulonner des monopoles : « *Le réseau désenclave, donne plus de chance aux petits. On crie "ah ! Le monopole de Microsoft", mais on oublie de dire que l'Internet sonne la fin du monopole de la presse, de la radio et de la télévision, et de tous les intermédiaires.* »
Des paroles médiatiquement incorrectes, nulle part reprises en une. La société française ne fut pas immédiatement transformée, pas même transcendée, par cette pensée. Qui en a jubilé ?
La France avait son Minitel à protéger !
La presse, la radio, la télévision et les intermédiaires… ces gens de pouvoir tenaient à leur pouvoir et après quelques années de flottement l'ont presque retrouvé sur le net… presque…

La bibliothèque numérique est une réalité

Avec le projet Gutenberg, universel. Avec Google et sa soif de contenus pour y placer des publicités (peu importe même, parfois, si ce contenu est libre ou non de droits).
Et avec http://gallica.bnf.fr
Gallica, la bibliothèque numérique de la Bibliothèque Nationale de France. Plus d'un million de livres et de documents gratuits.
Gallica a choisi de mettre en ligne des images numérisées des exemplaires papiers libres de droits.
Alors que le Projet Gutenberg diffuse les textes numérisés, ce qui demande du travail supplémentaire d'extraction des données des images numérisées mais permet ensuite des recherches, des extractions, des reformatages.
Les démarches sont complémentaires.

Internet est la chance des écrivains

Forcément, Internet peut être la pire des choses. Et tout le monde peut collecter une multitude d'exemples pour inciter à la prudence.

Pourtant, au niveau individuel d'un écrivain, Internet est le seul outil qui permette de s'affranchir de l'édition classique et son organisation reléguant l'écrivain au rôle de simple fournisseur de matière première.

Une édition traditionnelle depuis longtemps tombée dans la recherche de rentabilité maximale et se donnant encore bonne conscience avec quelques écrivains incontournables.

Internet peut très bien ne pas changer grand-chose à la vie des écrivains, qui pourraient rester les pions, congratulés er médaillés quand ils enrichissent les intermédiaires.

Avec ses manuscrits devenus webuscrits, l'auteur pourrait continuer à rechercher des industriels, désormais du livrel, et aptes à placer à la une des librairies virtuels ses écrits et les promouvoir par les médias lus.

J'écrivais en 2002 :

Quand l'écrivain acquiert une notoriété enviée, les industriels tambourinent à sa porte. Il peut se croire puissant mais doit bien savoir que cet empressement cessera dès que sa rentabilité n'atteindra plus le seuil fixé par les actionnaires.

Quelques personnages peuvent se permettre de ne pas se soucier de leur rentabilité : mais ils devront se prévaloir d'un inaltérable indice de notoriété ou / et de pouvoir de nuisance.

Le millénaire a changé, internet bouleverse les us et habitudes, et pourtant, les sommités du livre pensent pouvoir conserver leurs privilèges : l'écrivain doit rester un simple fournisseur de matières premières, parfois millionnaire, souvent décoré, abreuvé dans les cocktails, toujours un peu chouchouté mais en dépendance.

L'écrivain pourra écrire sur la Liberté, signer des pétitions au nom de cette Liberté chérie, proclamer *Vivre Libre* mais si l'industriel qui le cornaque vend aussi des armes, il sera prié de ne pas aborder certains sujets ; devant son patron, il redeviendra aussi frileux qu'un jeune diplômé signant son premier contrat, il ne mordra pas la main qui le nourrit.

L'écrivain sera toujours tenu en laisse ? La société considère qu'il doit être tenu en laisse ?

Des auteurs prétendent « non, mon éditeur ne touche jamais une phrase de mes manuscrits »... Pauvres graphomanes ! Tellement imprégné par la situation, l'inconscient ne laisse même plus filtrer une seule ligne susceptible de déplaire. Formatés.

J'écrivais aussi en 2002 :
Naturellement, tout écrivain du troisième millénaire tenté par la liberté d'entreprendre en s'établissant travailleur indépendant sera censuré par les médias amis des industriels. Et si malgré ça, il réussit à en vivre, il sera systématiquement brocardé comme aventurier capitaliste, évidement indigne des vertueux cercles littéraires. Ouvrez des écoles d'écrivains et inscrivez au fronton : « suivre le chemin indiqué est la clé de votre talent. »

Avec le numérique, il y aura trop de livres ?

Il est vrai qu'actuellement, la production est très modérée !

Le centre national du livre fournit les chiffres obtenus grâce à la BnF (le dépôt légal livres) : malgré l'ebook, la barre des 70 000 titres franchies en 2011, 70.109 titres (+4,2%), donc 67 278 titres en 2010 contre 66 595 en 2009.

Le nombre de livres vendus (chiffres 2009 toujours du CNL via SNE, enquête de branche, échantillon 2009) : 437,8 millions d'exemplaires.
Mais pour obtenir les ventes moyennes il ne faut pas diviser par 67 278 !
Le nombre de références vendues au moins une fois en France en 2009 serait de 633 946.

Le tirage moyen 2009 serait de 8 147 exemplaires, selon le SNE, enquête de branche, échantillon 2009, données retraitées.

Mais rappelez-vous que selon le SNE, « *Le pilon, ce n'est ni négatif ni scandaleux. C'est au contraire un régulateur nécessaire du secteur.* » Car si l'on multiplie 66 595 par 8 147 on obtient 542 millions d'exemplaires imprimés, pour 438 vendus. Chiffre cohérent : nous sommes toujours dans la centaine de millions de livres à détruire.

Oui, trop de livres sont publiés et ça ne va pas s'arranger ! Mais ce n'est pas une raison pour interdire aux écrivains de publier ! Les écrivains peuvent même essayer de vivre de leurs écrits en réduisant au maximum les intermédiaires.

Comment être lu reste la question essentielle

Toute l'information du monde numérisée, accessible via Internet. Dont naturellement les livres. Mais comment être visible dans ce cyberespace ? Le web reproduira la fracture entre les auteurs visibles et les autres. Mais ce ne seront pas forcément les mêmes !

Certains prétendront sûrement qu'il était plus facile de passer à une émission littéraire à la télévision (il suffisait d'être retenu par un éditeur phare) que de placer son site en première page de google lors d'une requête "écrivain".

On comprend aisément les auteurs qui ont accepté de travailler pour seulement 10% des revenus de leur travail quand en contrepartie les éditeurs accordaient la médiatisation. Certes, les écrivains auraient pu vouloir changer leur monde, eux qui prétendent si souvent vouloir changer le monde. L'histoire ne prétendra pas forcément que ces exploités collaboraient avec un système capitaliste qui les oppressait en leur accordant reconnaissances et minimum financier. Des écrivains ont essayé de lutter contre ce système mis en place par les éditeurs et pour les éditeurs, certes à une époque où l'indépendance nécessitait des investissements très lourds donc impossibles sans fortune (toujours l'exemple de Balzac qui a le mérite d'avoir osé essayer).
C'est dans les années où l'imprimerie s'est modernisée, où imprimer coûta moins de 10% du prix moyen du livre, que les écrivains auraient pu reprendre leur liberté. Mais les éditeurs avaient figé la société littéraire et l'auto-édition n'est jamais parvenue à s'extirper de l'image d'échec collée par l'édition « classique. »

La littérature souffre surtout de ne pas être accessible par toutes et tous, d'être confisquée par des diffuseurs qui ont le pouvoir de mettre devant les yeux des acheteurs les titres qu'ils souhaitent en affirmant que tel est le choix de lecture du moment. Tout ce qui peut concourir à sortir la littérature de ce ghetto sera positif. Internet est donc préférable au vieux monde des éditeurs distributeurs vendeurs médias alliés.

Ce ne fut jamais facile, d'écrire une œuvre et réussir à la promouvoir durant une seule vie. Réussir à former une équipe autour de soi, souvent la famille, pourra faire la différence. L'écrivain n'est pas toujours seul.

Ensuite, peu importe le support pourvu que nos livres soient lus. Ecrans d'ordinateurs, PDA mobiles, smartphones, tablettes, liseuses… Lus ou entendus ! Commercialiser une version audio est un plus…

Mai 2012 : *Amazon* caracole en tête dans le classement de mes meilleures ventes, suivi d'*Itunes* puis la librairie *Immateriel*. *Rue du Commerce*, *La Fnac* et *Kobo* restent dérisoires, *epagine* et quelques autres apparaissent rarement dans mes relevés. Jusqu'en octobre 2010, la vente directe sur mes sites dépassa celles générées via l'edistributeur *Immateriel*. Même si *le guide de l'auto-édition* bénéficie encore de l'excellente renommée du portail http://www.auto-edition.com, les grands espaces commerciaux du net représentent pour l'auteur-éditeur une chance, celle d'être visible du plus grand nombre.

Etre visible… attention danger !

Ne signez pas n'importe quoi, ne signez pas n'importe où, alléché par la visibilité prétendue.

Est-on encore un écrivain indépendant quand on signe des contrats cédant tous ses droits au directeur d'une publication, avec une minuscule contrepartie financière ?

Est-on encore un écrivain indépendant quand pour vendre sur un site on accepte de payer un droit d'entrée (mensuel parfois !) exorbitant auquel s'ajoutera un pourcentage élevé greffant les ventes, au point qu'il faudrait réaliser un chiffre improbable de ventes chaque mois pour ne pas devoir d'argent ?

Est-on dans la bonne voie quand on accepte d'écrire gratuitement sur un site prétendu très visité ? De nombreux sites recherchent des chroniqueurs, des collaborateurs, des apporteurs de contenu, « pour la gloire », qui ne toucheront même pas une partie des revenus publicitaires générés par leurs écrits.

Les offres vont se multiplier. Des auteurs vont y croire. Il y aura de grandes déconvenues.

Se passer d'un éditeur, ce n'est pas refuser UNE SELECTION.

Mais refuser leur fonctionnement, qui contient la sélection et bien d'autres choses (dont la nécessaire soumission et l'apport de textes qui correspondent à la ligne éditoriale de la maison mais aussi la dépendance financière).

Il y aura toujours une sélection, elle émanera des lecteurs. Elle sera aussi cruelle. (certes, les lecteurs se manipulent par le "marketing")

Mais au moins la sélection ne sera plus le diktat d'une sommité qui se demandera si ce livre est ou non rentable, ou de qui l'auteur est l'ami.

Naturellement, les critères de sélection littéraire, tels que peuvent les pratiquer certains éditeurs, c'est à chacun de se les appliquer, en publiant uniquement des textes aboutis.

Stabilité de la chose imprimée contre le mouvement des documents

C'est écrit dans un livre, donc c'est vrai ! Longtemps ceux qui ont eu le pouvoir ont eu le pouvoir d'imprimer leur vérité pour la sacraliser. C'est ainsi qu'on apprenait l'Histoire (des vainqueurs) aux enfants.

La vérité, comme la loi, était écrite. Les erreurs s'imposaient, parfois en attendant une réédition corrigée.

Ce livrel pourra être actualisé rapidement (par exemple le versant législatif qui ne manquera pas d'évoluer…)

Il restera peut-être quelques fautes d'orthographe, que ne manqueront pas de me signaler les premières lectrices ?

C'est simplement le passage de la culture imprimée à la culture numérique.

Amanda Hocking, Stephen Leather et moi...

Les auteurs convaincus de la justesse des analyses du SNE ont retenu la leçon : « *Stephen King a tenté l'expérience de vendre directement ses livres en ligne. Devant l'échec complet de sa tentative, il est revenu vers son éditeur... »* Il a même reçu une belle fessée et promis de ne jamais plus recommencer ?

Alors vous, qui n'avez pas l'audience, la renommée, la carrière de Stephen King, nous vous aurons prévenus : si vous essayez, nos représailles seront terribles : « *qui osera tenter l'aventure de l'indépendance numérique ne sera jamais édité par une vénérable maison.* » Non, inutile d'inscrire cette menace sur un portail des éditeurs... les écrivains sont suffisamment intelligents pour tirer les bonnes conclusions des errements de monsieur Stephen King !
Ils prétendent que c'est impossible afin que personne n'ose.

Revenons sur leur développement : « *Cette idée reçue* [qu'on puisse se passer d'un éditeur] *provient d'une méconnaissance du métier et de la valeur ajoutée de l'éditeur.* »

Quelle est la valeur ajoutée, l'apport d'un éditeur dans l'édition papier ?
Il prend le risque financier. Naturellement, un éditeur digne de ce nom ne demande jamais d'argent à un auteur (si un éditeur vous demande de l'argent pour publier un de vos manuscrits, il s'agit d'une proposition de contrat à *compte d'auteur*, ou *compte à demi ;* comme je l'ai écrit sur http://www.auto-edition.com : ne payez jamais un éditeur)

Dans ce risque financier, il y a d'abord la fabrication des livres qui ne seront peut-être jamais vendus mais qui devront être envoyés aux libraires et autres vendeurs.

Frais d'imprimeur, frais d'envoi aux libraires et frais de retour des invendus, frais de destruction des livres invendus (le pilon).

Frais de promotion aussi, de la distribution gratuite aux médias à la publicité. Il existe même parfois des frais de correction, de réécriture… mais les écrivains prétendent le plus souvent que l'éditeur n'a pas touché une lettre de leur manuscrit.

Ainsi, avec ces frais réels, les éditeurs ont pu imposer des droits d'auteur autour de 10 % du prix de vente.

Naturellement, en contrepartie de ces risques, les éditeurs placent le plus souvent dans le contrat une clause de priorité, aux mêmes conditions, pour les trois ouvrages suivants de l'écrivain, qui se retrouve ainsi lié à un éditeur…

Avec le numérique, malgré les rodomontades du SNE, les frais occasionnés par le papier et la distribution de ces lourds bouquins, ne sont pas compensés par de nouveaux frais.

Reste néanmoins l'épineux problème de la distribution, de la vente du livre, et de la nécessaire publicité qui doit passer par plus qu'une page facebook et une mise en vente sur une librairie virtuelle !

Mais un auteur indépendant est actuellement encore presque à égalité avec les éditeurs installés pour créer un buzz. Il suffit par exemple d'observer la péripétie du compte Gallimard sur twitter.com pour constater la difficulté qu'ont ces vieilles structures à aborder le net (un fan avait créé le compte Gallimard sur twitter, qu'il alimentait correctement, suivi par plus de 1800 abonnés, et il proposa à la vénérable maison de le reprendre… ne reçut aucune réponse… avant un happy-end quand même où monsieur Antoine Gallimard en personne l'invita).

(en 2011 ce « un auteur indépendant est actuellement encore presque à égalité », car fin 2013 Lagardère n'est plus l'unique mastodonte conscient des enjeux du numérique)

Quant à la fabrication des PDF et epub, nul doute que les éditeurs ne tarderont pas à réclamer des fichiers dans ces formats ; ou, quand même, auront le logiciel nécessaire et suffisant pour transformer un texte sous word dans ces formats.

Bref, le risque financier ayant quasi disparu et le rôle des médias traditionnels alliés des éditeurs installés s'étant estompé : ils prétendent que c'est impossible afin que personne n'ose. La France est un pays figé où l'initiative individuelle a des difficultés à passer surtout dans le monde des lettres. J'ai essayé, pour l'instant (presque) en vain. Certes, j'ai réussi à vivre de cette activité d'auteur éditeur indépendant… mais que de difficultés !

Du côté de l'Angleterre et l'Amérique…

Que l'on soit un peu connu, ou totalement inconnu… c'est possible. Avec même des exemples. Certes, pas d'exemples à la pelle !

Stephen Leather fut longtemps un modeste auteur britannique de polars et thrillers, vivant de ses écrits grâce à un lectorat fidèle, en publiant un ou deux livres chaque année. Modeste mais quand même avec deux millions de livres vendus grâce à des traductions dans une vingtaine de langues.

Puis un jour, fin octobre 2010, juste au moment du boom du Kindle d'Amazon dans son pays, Stephen Leather a sorti de ses tiroirs trois nouvelles qui avaient été refusées par les éditeurs, les mettant en vente au format électronique sur Amazon.co.uk, en indépendant.

Le prix de vente a sûrement été un élément de l'engouement : soixante-dix pence (environ quatre-vingts centimes d'euros).

Nombreux furent les britanniques effectuant sur le site d'Amazon leur premier achat d'ebook avec ce résultat s'affichant dans la recherche « le moins cher »... et il a bénéficié de la publicité réalisée par ses fidèles lecteurs pour lancer le buzz.

J'aurais aimé être l'exemple du parfait inconnu laissant baba le monde de l'édition ! Mais... non, ce n'est pas que je sois connu... je vis en France... et dans l'univers francophone, on a des difficultés à sortir la littérature de sa gangue officielle... Ce fut Amanda Hocking. Américaine, 26 ans, refusée par les éditeurs et publiant sur Amazon ses onze livres. Sans éditeur, en auto-édition donc, avec des prix de 0,99 à 2,99 dollars. Plus d'un million d'exemplaires achetés. Et contrairement au modèle cher du SNE, 70% du prix payé par les internautes lui revient.

Naturellement, le monde de l'édition classique a essayé de récupérer la jeune femme et elle a signé pour quatre livres un gros contrat... Amazon lui a aussitôt signé un autre gros chèque pour l'exclusivité de la vente des ebooks.

Si vous croisez des gens du SNE, interrogez-les sur Amanda Hocking !

Comme pour le livre papier les success-story seront rares. Mais c'est désormais aussi (peu) probable sur le web qu'avec un bouquin dos carré collé.

Viser le Kindle, le e-reader d'Amazon, est donc nécessaire. On estime à 12 millions le nombre de Kindle vendus en janvier 2011. Dans le monde. Presque rien en France.

En mai 2011 le Kindle fut lancé en Allemagne, avec la plateforme d'autopublication. Pour la France, ce fut en octobre, avec l'objectif du Kindle cadeau de Noël idéal. Comme en Angleterre l'année précédente. Le chiffre de 400 000 kindle vendus en France au 1er janvier 2013 circule... Amazon laisse supputer !

Viser le Kindle est donc nécessaire. En quelques mois, Amazon a su faire bouger l'édition française. Aucun éditeur n'a refusé d'y vendre des ebooks ! De nombreux inconnus figurent dans les meilleures ventes. Certes on peut se demander, parfois, qui achète de tels navets ! Personne ne s'est encore réellement imposé. C'est finalement une bonne chose : les jeux restent ouverts...

Librairies virtuelles... où faut-il vendre ?

Les cartes se distribuent mais certaines sont déjà distribuées !
De mai 2011 à mai 2012, le raisonnement sur Amazon s'est confronté à la réalité. Eh oui : il faut vendre sur Amazon. Il faut vendre aussi sur Itunes. Même si les ventes restent faibles, il faut vendre sur La Fnac et Kobo. Il faut vendre sur Rue du Commerce, qui a fermé Alapage mais se décidera peut-être un jour à vraiment miser sur l'ebook.
Il faut vendre sur Immateriel, la librairie. Il faut suivre l'ambition tea-ebook.com des librairies Decitre, qui feront peut-être mieux que 1001libraires.com
Donc il faut un edistributeur.

Deux edistributeurs-libraires sont accessibles : *Numilog* fut le leader, il fut racheté par Lagardère... et début 2012, la société est retournée à son créateur. Quelle sera sa politique ? Celle dénoncée dans *Réponses à monsieur Frédéric Beigbeder au sujet du Livre Numérique (Écrivains= moutons tondus ?)* avec le renvoi des indépendants vers jepublie, site chargé de leur prendre de l'argent plutôt que d'entrer en partenariat ? Ou une véritable edistribution comme a su la mettre en place *Immateriel* ?
J'ai reçu, en avril 2011, un contrat de distribution pour les deux plateformes... Les conditions proposées par *Immateriel* m'apparaissent meilleures. Depuis, je suis satisfait de ce partenariat.

La France de l'édition a besoin d'Apple, Amazon et Google

En France, aucune initiative pour l'indépendance des écrivains ne sera soutenue. Qui plus est les installés continueront à bénéficier d'un large financement public pour essayer de reporter sur le net leur domination.
Rien à espérer non plus des grands groupes français. France Telecom a même revendu Alapage... et Rue du Commerce l'a fermé !
Alors, tout en continuant d'avancer dans l'indépendance, il faut rester attentif à tout ce que font Apple, Amazon et Google.
Casser les prix n'est pas faire de la littérature un produit d'appel s'il s'agit de partager équitablement entre le vendeur et le créateur d'une œuvre, sans autre intermédiaire.

Apple, Amazon et Google ont une solution : s'adresser directement aux auteurs, court-circuiter les éditeurs.
Généraliser l'exemple d'Amanda Hocking qui a pu utiliser la plateforme de publication d'Amazon aux Etats-Unis.
Reverser 70% du prix de vente, quand on offre un vaste réseau de distribution, c'est correct.
Pour me consacrer à l'écriture, j'ai donc choisi de faire confiance à Immateriel au sujet de la distribution.

Nous avons plus à craindre du SNE que d'Apple, Amazon et Google.

Google : une solution ou un problème ?

Ça dépend des jours ! Si Google proposait un service de vente directe d'ebooks... ce serait intéressant... ça semble se profiler avec *Google eBooks Store...*
Car si Google est devenu incontournable, parfois il n'hésite pas à prendre du contenu là où il se trouve pour y semer ses publicités, même si ce contenu a un propriétaire. En août 2005, trois mois après son lancement, Google Print était suspendu... suite à un conflit avec les associations d'auteurs et d'éditeurs de livres sous droits, qui osaient ne pas accepter que Google numérise les livres sans l'accord préalable des ayants droit.
Le programme avait repris en août 2006 sous le nom de Google Books (En France, oui : Google Livres).

S'il n'y avait que la numérisation des fonds libres de droit de grandes bibliothèques, et un partenariat avec les éditeurs qui le souhaitent, Google ne poserait aucun souci (sauf s'il privilégie ce contenu dont il s'est accaparé au détriment d'autres livres).
La Bibliothèque municipale de Lyon a ainsi signé un accord en juillet 2008 pour laisser numériser 500 000 de ses livres.

La justice américaine a refusé de valider début 2011 l'accord conclu entre Google et "les associations d'auteurs et éditeurs" (Authors Guild et Association of American Publishers)
Google avait obtenu le droit de numériser les œuvres inscrites au registre américain des droits d'auteurs et émanant de pays anglo-saxons (Royaume-Uni, Canada et Australie).
Les ayants droit étaient considérés par défaut d'accord et il leur fallait effectuer une démarche pour refuser.

Selon le juge, cette pratique n'est pas «*juste, adéquat et raisonnable.*» Même quand on s'appelle Google, un accord est indispensable avant toute utilisation.

La boutique Kindle...

Même si auto-édition s'écrit autoédition chez Amazon, c'est une petite revanche sur l'histoire, de lire :

« Bienvenue sur Kindle Direct Publishing d'Amazon, la solution d'autoédition simple et rapide qui permet de vendre vos livres dans la Boutique Kindle. » https://kdp.amazon.com/self-publishing/signin

N'hésitez pas à tester cette plateforme, même si une véritable professionnalisation passe par un edistributeur.

Le statut de l'auteur éditeur… livres papier ou numérique

Après avoir écrit à la Chambre de Commerce et d'Industrie, au Centre des Impôts, à la BNF, à la SNE et à la CNL, je me désespère de trouver enfin des renseignements et la procédure à suivre pour obtenir ce statut d'auto-éditeur.

Enième demande. (Je publie depuis 1991) Je me suis simplement inscrit à l'URSSAF, en profession libérale, auteur éditeur. Un numéro de Siren et un numéro de Siret me furent attribués.

Au niveau des impôts, j'ai choisi le régime de la déclaration contrôlée, formulaire N2035 K (avec le compte de résultat fiscal 2035-AK).

Ma déclaration fiscale est Hors Taxes, car je suis assujetti à la taxe sur la valeur ajoutée. Je possède donc un numéro de TVA Intra-communautaire. Naturellement, sur mes ventes de livres papier, le taux de TVA est de 5,5% (TVA collectée) et de 19,6% sur les livres numériques… (2013 : un seul taux : 5,5%). Et je peux ainsi déduire la TVA… déductible.

Désormais, il est sûrement préférable et plus rapide d'opter d'abord pour le statut de l'auto-entrepreneur.

Le numéro de SIREN m'a aussi permis d'obtenir des sites en .pro, comme http://www.auteur.pro

Au sujet d'Internet

Rappelez-vous toujours qu'internet n'est pas la reproduction du monde réel (même si certains après avoir snobé le net le voudraient) : Internet est un formidable outil de communication permettant un contact direct, sans intermédiaire, donc sans passer sous les fourches caudines des intérêts des installés.
Quand des sommités s'expriment, demandez-vous toujours si elles souhaitent informer ou convaincre de la justesse de leur modèle économique. La communication prend souvent le masque de l'information.

Un jour des milliards de pages ne seront plus répertoriées par les principaux moteurs de recherche, ou seront tellement peu visibles que personne ne les trouvera. L'information est déjà noyée sous l'abondance. C'est le plus grand des dangers du net. L'abondance tue l'œuvre en la rendant invisible.

Le téléchargement illégal menace directement l'industrie du livre et non les écrivains. Les écrivains ne peuvent être touchés que par ricochet : ils n'obtiennent que des miettes des sommes brassées. Fondamentalement, le téléchargement illégal, s'il est correctement expliqué, peut convaincre les écrivains de quitter le navire des éditeurs pour se prendre en mains. Ce n'est pas le discours du SNE ni celui du CNL. Donc naturellement pas celui des Assemblées.

La poésie enfin publiable

Certes il existe des livres de poésie publiés par Gallimard !
La maison Gallimard est même fière d'annoncer que
durant sa longue histoire 63 auteurs furent publiés en
« POÉSIE / GALLIMARD » de leur vivant (sans compter
les anthologies) : Adonis, Andrade, Aragon, Bobin,
Bonnefoy, Borges, Bosquet, Boulanger, Butor, Caillois,
Césaire, Char, Cheng, Darwich, Deguy, Du Bouchet,
Dupin, Follain, Fombeure, Frénaud, Gaspar, Glissant,
Goffette, Grosjean, Guillevic, Holappa, Jabès, Jaccottet,
Janvier, Jouve, Júdice, La Tour du Pin, Leiris, Luca,
Macé, Mallet, Morand, Neruda, Noël, Novarina, Oster,
Paz, Pichette, Pieyre de Mandiargues, Ponge, Queneau,
Ramos Rosa, Ray, Réda, Roche, Roubaud, C. Roy,
Sabatier, Saint-John Perse, Schehadé, Soupault, Stéfan,
Tardieu, H. Thomas, Torreilles, Valente, Velter,
Verheggen, K. White, Yourcenar.
Combien encore vivants ?

La poésie peut même se vendre. La maison Gallimard,
toujours, possède 10 titres ayant dépassé les 175 000
exemplaires. Certes, sans le nombre d'achats imposés par
l'éducation nationale, les chiffres seraient "sûrement"
moindre : *Alcools* de Guillaume Apollinaire, *Les Fleurs
du mal* de Charles Baudelaire, *Capitale de la douleur* de
Paul Éluard, *Poésies* d'Arthur Rimbaud, *Le Parti-pris des
choses* de Francis Ponge, *Calligrammes* de Guillaume
Apollinaire, *Le Roman inachevé* d'Aragon, *Fêtes galantes*
de Paul Verlaine, *Éloges* de Saint-John Perse, *Poésies* de
Paul Valéry.

Néanmoins, tout éditeur classique vous répondra que la
poésie ne se vend pas. Et la majorité des auteurs préfèrent
désormais présenter leurs poèmes sur le net, sur leur site

ou des portails genre http://www.poesie-poetes.com, plutôt que de tomber dans le compte d'auteur qui fut longtemps l'unique alternative (même Georges Brassens a succombé), avant l'auto-édition.

Même si votre lectorat ne dépasse pas 100 ou 200, vous pouvez vous lancer dans l'édition numérique de poésie, sans risque financier.

J'aurais pu réaliser une entrée similaire pour le secteur des nouvelles. Les textes de chansons aussi. Et naturellement le théâtre (les pièces intéressent parfois des éditeurs papier, quand elles acquièrent le statut de succès)

L'auto-édition... même Antoine Gallimard en parle...

Certes Antoine Gallimard s'exprime d'une manière négative :
« Ce n'est pas l'autoédition, mise en avant aujourd'hui par les
grands opérateurs du Web en même temps qu'ils escamotent les marques des éditeurs sur leur portail, qui pourra se substituer à une édition choisie, maîtrisée, orchestrée autour de marques fortes et de prescripteurs reconnus. »
(le 16 mars 2012 au Salon du livre de Paris)
http://www.sne.fr/img/pdf/Evenements/Assises/Assises16 mars2012/discoursassises.pdf

Mais que ce mot figure désormais dans les préoccupations du président du SNE (il a laissé sa place à Vincent Montagne en juin 2012), Syndicat National des Editeurs, témoigne déjà d'une victoire de l'indépendance. Il doit se positionner par rapport à l'auto-édition, il doit défendre son approche ! Oui, l'auto-édition ne peut plus être balayée d'un revers de main, avec une moue de dégoût ! L'auto-édition est une voie à laquelle Amazon et Itunes apportent une touche d'honorabilité. L'indépendance est une belle idée ! C'est à chaque auteur de montrer que ses écrits peuvent rivaliser en qualité avec les productions des auteurs qui préfèrent encore le label d'une maison d'édition.

Equation économique du livre numérique

Vendre le moins cher possible afin de vendre le plus possible et vivre de ses livres en supprimant au maximum les intermédiaires.

Aurélie Filippetti

Il faut bien, en novembre 2013, ajouter une entrée Aurélie Filippetti... depuis le temps que sa sortie, sa démission, est réclamée...

Aurélie Filippetti, "écrivain" en contrat avec Lagardère, anti-auto-édition primaire même si un tweet lui échappa (en était-elle l'auteur ? puisqu'elle accusa, lors d'une autre péripétie, une collaboratrice des fautes d'orthographe) le samedi 9 février 2013 dans une parenthèse, à 18 heures 15 « *(l'auto-édition est riche de promesses)*. » Elle cherchait à apaiser la vaguelette de réprimandes mondaines après son « *c'est l'éditeur qui fait la littérature* » le jour de sa grande parade devant les patrons du SNE, avec ses « *Pourtant, je crois qu'une industrie culturelle aussi complexe que la vôtre* [l'édition] *ne pourra pas reposer sur ce nouveau modèle* [l'auto-édition]. *Je ne partage pas ce point de vue* [le contact direct du site de vente avec les auteurs] *et je crois qu'il est utopique.* » Et le stupide « *L'écrivain ne naît qu'au travers du regard de l'éditeur.* »

Finalement, c'est son cher éditeur, dans *Libération* du 8 mars 2003, Jean-Marc Roberts, quelques jour avant son mort qui exprima sûrement l'essentiel de cette ministre : « *Cette gauche des nantis qui tient les médias et l'édition. À cette gauche qui prétend savoir ce que c'est que la littérature, puisque la littérature, c'est forcément elle ! Des gardiens du temple, d'un mausolée... »*

Le 8 avril 2013 fut publié, *Ya basta Aurélie Filippetti ! - Ça suffit Aurélie Filippetti Ministre de la Culture en contrat avec un éditeur traditionnel,* revu également en novembre 2013 pour sa mise en disposition en papier.

Stéphane Ternoise est né en 1968. Il publie depuis 1991. Il est depuis le premier jour éditeur indépendant.

15 de ses livres sont disponibles en papier dos carré collé via un « tirage en grande quantité » (2500 maximum)

La Révolution Numérique, le roman, le combat, les photos, 2013

Théâtre pour femmes, 2010

Ils ne sont pas intervenus (le livre des conséquences), roman, 2009

Théâtre peut-être complet, théâtre, 2008

Global 2006, romans, théâtre, 2007

Chansons trop éloignées des normes industrielles et autres Ternoise-non-autorisé, 2006

Théâtre de Ternoise et autres textes déterminés, 2005

La Faute à Souchon ?, roman, 2004

Amour - État du sentiment et perspectives, essai, 2003

Vive le Sud ! (Et la chanson... Et l'Amour...), théâtre, 2002

Chansons d'avant l'an 2000, 120 textes, 1999

Liberté, j'ignorais tant de Toi, roman, 1998

Assedic Blues, Bureaucrate ou Quelques centaines de francs par mois, essai, 1997

Arthur et Autres Aventures, nouvelles, 1992

Éternelle Tendresse, poésie, 1991

http://www.livrepapier.com propose d'autres livres, imprimés à la demande.

Versant numérique...

http://www.ecrivain.pro essaye d'être complet, avec un "blog" (je préfère l'expression "une partie des chroniques"). Mais il ne peut naturellement pas copier coller l'ensemble des textes présentés ailleurs.

En ebooks, mes principales publications peuvent se diviser en trois versants : romans, essais, pièces de théâtre (il existe aussi des recueils de chansons et des livres de photos de présentation du Sud-Ouest).

Comprendre le développement numérique de la littérature m'a permis d'obtenir les domaines :

http://www.romancier.net

Peut-être un roman autobiographique y est à la une. Ce sont les lectrices et lecteurs qui décident de la vie d'une œuvre. Ce roman bénéficie d'excellentes critiques, régulières... mais de ventes lentes. Un roman sûrement plus difficile d'accès que la moyenne. Pour un lectorat exigeant. La formation d'un écrivain ? La résilience, passée par l'amour, les amours.

http://www.dramaturge.net

Mes pièces de théâtre sont désormais parfois jouées. Elles sont toutes disponibles en ebooks.

http://www.essayiste.net

Le monde de l'édition décrypté, comme dans *Écrivains, réveillez-vous ? - La loi 2012-287 du 1er mars 2012 et autres somnifères ou Le livre numérique, fils de l'auto-édition.* Mais également l'amour analysé dans une perspective stendhalienne avec création du concept de sérénamour, *Amour - état du sentiment et perspectives* et la politique nationale, ses grandes tendances, ses personnages principaux...

Les 4 meilleures ventes d'un écrivain indépendant...

Ecrivain engagé dans le numérique, militant de l'ebook, c'est sur Amazon que se concrétisent mes meilleures ventes.

Elles sont présentées page
http://www.ecrivain.pro/meilleuresventes20120712.html

1) *Peut-être un roman autobiographique*
Le cinquième roman. Porté par de très bonnes critiques... reste en ventes lentes... mais quotidiennes...

2) *Le guide de l'auto-édition numérique en France (Publier et vendre des ebooks en autopublication)*

Il s'est (logiquement) imposé comme LA référence.

3) *Le livre numérique, fils de l'auto-édition*
Une compréhension de la révolution du livre numérique, inscrite dans l'auto-édition historique qui n'est jamais parvenue à briser les barrières mises en place devant les médias pour que ne puissent être vues les œuvres indépendantes.

4) *Comment devenir écrivain ? Être écrivain ? (Écrire est-ce un vrai métier ? Une vocation ? Quelle formation ?...)*
Tout écrivain en herbe se doit de lire cette approche publiée fin juin 2012... Les lectrices et lecteurs qui souhaitent "comprendre" un écrivain peuvent naturellement s'y confronter...

Catalogue numérique :

Romans : (http://www.romancier.net)
Ils ne sont pas intervenus (le livre des conséquences) également en version numérique sous le titre Peut-être un roman autobiographique
La Faute à Souchon ? *également en version numérique sous le titre* **Le roman du show-biz et de la sagesse (Même les dolmens se brisent)**
Liberté, j'ignorais tant de Toi également en version numérique sous le titre Libertés d'avant l'an 2000)
Viré, viré, viré, même viré du Rmi
Quand les familles sans toit sont entrées dans les maisons fermées
Ebook : trois romans pour le prix d'un livre de poche

Théâtre : (http://www.theatre.wf)
Théâtre peut-être complet
La baguette magique et les philosophes
Quatre ou cinq femmes attendent la star
Avant les élections présidentielles
Les secrets de maître Pierre, notaire de campagne
Deux sœurs et un contrôle fiscal
Ça magouille aux assurances
Pourquoi est-il venu ?
Amour, sud et chansons
Blaise Pascal serait webmaster
Aventures d'écrivains régionaux
Trois femmes et un amour
La fille aux 200 doudous et autres pièces de théâtre pour enfants
« Révélations » sur « les apparitions d'Astaffort » Jacques Brel / Francis Cabrel (les secrets de la grotte Mariette)
Théâtre 7 femmes 7 comédiennes - Deux pièces contemporaines
Théâtre pour femmes
Pièces de théâtre pour 8 femmes
Onze femmes et la star

Photos : (http://www.france.wf)
Montcuq, le village lotois
Cahors, des pierres et des hommes. Photos et commentaires
Limogne-en-Quercy Calvignac la route des dolmens et gariottes
Saint-Cirq-Lapopie, le plus beau village de France ?
Saillac village du Lot
Limogne-en-Quercy cinq monuments historiques cinq dolmens
Beauregard, Dolmens Gariottes Château de Marsa et autres merveilles lotoises
Villeneuve-sur-Lot, des monuments historiques, un salon du livre... -Photos, histoires et opinions
Henri Martin du musée Henri-Martin de Cahors - Avec visite de Labastide-du-Vert et Saint-Cirq-Lapopie sur les traces du peintre
L'église romane de Rouillac à Montcuq et sa voisine oubliée, à découvrir - Les fresques de Rouillac, Touffailles et Saint-Félix

Livres d'artiste (http://www.quercy.pro)
Quercy : l'harmonie du hasard - Livre d'artiste 100% numérique

Essais : (http://www.essayiste.net)
Le manifeste de l'auto-édition - Manifeste politico-littéraire pour la reconnaissance des écrivains indépendants et une saine concurrence entre les différentes formes d'édition
Écrivains, réveillez-vous ? - La loi 2012-287 du 1er mars 2012 et autres somnifères
Le livre numérique, fils de l'auto-édition
Aurélie Filippetti, Antoine Gallimard et les subventions contre l'auto-édition - Les coulisses de l'édition française révélées aux lectrices, lecteurs et jeunes écrivains
Le guide de l'auto-édition numérique en France
 (Publier et vendre des ebooks en autopublication)
Réponses à monsieur Frédéric Beigbeder au sujet du Livre Numérique (Écrivains= moutons tondus ?)
Comment devenir écrivain ? Être écrivain ?

(Écrire est-ce un vrai métier ? Une vocation ? Quelle formation ?...)
Amour - état du sentiment et perspectives
Ebook de l'Amour
Copie privée, droit de prêt en bibliothèque : vous payez, nous ne touchons pas un centime - Quand la France organise la marginalisation des écrivains indépendants

Chansons : (http://www.parolier.info)
Chansons trop éloignées des normes industrielles
Chansons vertes et autres textes engagés
68 chansons d'Amour - Textes de chansons
Chansons d'avant l'an 2000
Parodies de chansons
De Renaud à Cabrel En passant par Cloclo et Jacques Brel

En chti : (http://www.chti.es)
Canchons et cafougnettes (Ternoise chti)
Elle tiote aux deux chints doudous (théâtre)

Politique : (http://www.commentaire.info)
Ce François Hollande qui peut encore gagner le 6 mai 2012 ne le mérite pas (Un Parti Socialiste non réformé au pays du quinquennat déplorable de Nicolas Sarkozy)
Nicolas Sarkozy : sketchs et Parodies de chansons
Bernadette et Jacques Chirac vus du Lot - Chansons théâtre textes lotois
Affaire Ségolène Royal - Olivier Falorni Ce qu'il faut en retenir pour l'Histoire - Un écrivain engagé, un observateur indépendant
François Fillon, persuadé qu'il aurait battu François Hollande en 2012, qu'il le battra en 2017 (?)

Notre vie (http://www.morts.info)
La trahison des morts : les concessions à perpétuité discrètement récupérées - Cahors, à l'ombre des remparts médiévaux, les vieux morts doivent laisser la place aux jeunes...

163

Cahors : Adèle et Marie Borie contre Jean-Marc Vayssouze-Faure - Appel à une mobilisation locale et nationale pour sauver les soeurs Borie...

Jeux de société http://www.lejeudespistescyclables.com
La France des pistes cyclables - Fabriquer un jeu de société pour enfants de 8 à 108 ans

Autres :
La disparition du père Noël et autres contes
J'écris aussi des sketchs
Vive les poules municipales... et les poulets municipaux - Réduire le volume des déchets alimentaires et manger des oeufs de qualité

Œuvres traduites :

La fille aux 200 doudous :
- *The Teddy (Bear) Whisperer* (Kate-Marie Glover) - Das Mädchen mit den 200 Schmusetieren (Jeanne Meurtin)

- Le lion l'autruche et le renard :
- How the fox got his cunning (Kate-Marie Glover)

- Mertilou prépare l'été :
- The Blackbird's Secret (Kate-Marie Glover)

- *La fille aux 200 doudous et autres pièces de théâtre pour enfants (les 6 pièces)*
- La niña de los 200 peluches y otras obras de teatro para niños (María del Carmen Pulido Cortijo)

Catalogue complet des ebooks de Stéphane Ternoise sur http://www.ecrivain.in ou sur les plateformes qui le distribuent.

À lire également

Le guide de l'auto-édition numérique en France

(Publier et vendre des ebooks en autopublication)

Dilemmes des écrivains
Expliquer...
Fabriquer et lire les ebooks
Législation
Promouvoir
Vendre...
Le livre numérique en France.
Aujourd'hui
Les écrivains seront les perdants ?
Face aux arguments des installés...
Les installés, subventionnés...   à déboulonner
Mon propre rôle

Stéphane Ternoise est la référence de l'auto-édition en France.
Pas seulement pour avoir créé en l'an 2000 http://www.auto-edition.com, un site resté debout et intransigeant sur ses analyses, même après une assignation au Tribunal de Grande Instance de Paris, en juin 2007, par une société pratiquant le compte d'auteur, finalement déboutée en septembre 2009.

Stéphane Ternoise a auto-édité son premier livre en 1991, et démontre depuis deux décennies la possibilité d'avancer, construire une œuvre, en toute indépendance. Avec des bouquins en papier (14) et désormais des ebooks.
« Internet fut un bol d'air frais, presque une bouée de sauvetage... »

Il raconte et défriche les chemins du numérique, où certains s'obstinent déjà à placer des barrières...
Il s'intéresse naturellement, depuis des années, à la situation Outre-Atlantique, où quelques pionniers inventent un nouveau monde littéraire, dont les écrivains français pourraient s'inspirer.
Le guide de l'Auto-édition numérique en France, ou comment publier soi-même des ebooks et les vendre avec le moins possible d'intermédiaires.

Ecrivains : le livre dont vous aviez besoin pour comprendre que c'est possible aussi au pays de Lagardère et Gallimard, qu'elle viendra la révolution de l'ebook... Et transformera notre paysage littéraire... Tout le monde ne vendra pas 100 000 exemplaires mais les écrivains qui atteindront ce chiffre recevront peut-être la majeure partie des bénéfices : un combat est engagé et les auteurs peuvent se réapproprier les revenus de leurs écrits, ne plus laisser la chaîne du livre les tenir en bride en leur confisquant 90% des euros, tout en exigeant des remerciements pour les modestes droits d'auteur.

Les écrivains ont les meilleures cartes dans le nouveau jeu commercial, même s'ils l'ignorent le plus souvent : éditeurs et libraires ont raison de s'inquiéter !
Dans cette nouvelle donne, la loi imposant un prix unique du livre numérique est naturellement décortiquée, pour

démontrer son inutilité, d'ailleurs déjà confirmée par des faits *bizarrement* peu médiatisés.

Stéphane Ternoise vous prodigue ses analyses et conseils pour des autopublications réussies.
Comment publier et vendre devenant plus important que le célèbre "comment être publié."
Soyez votre propre éditeur et vivez des revenus de vos ebooks...
Et des mises en garde : certains n'hésitent pas à facturer des centaines d'euros sous couvert d'auto-édition ! En auto-édition, on ne paye pas pour figurer sur un site. On peut laisser des commissions en cas de vente mais on refuse de payer pour être en vente.

Plusieurs sites sont dédiés à cet essai :
http://www.auto-edition.fr
Et les points PRO destinés à insister sur l'optique professionnelle de la démarche :
http://www.auto-edition.pro   et
http://www.autopublication.pro

Stéphane Ternoise
Stéphane Ternoise - Juillet 2011 - février 2012

Pour aller plus loin dans la compréhension des enjeux de l'ebooks, le 5 octobre 2011 fut publié :

Ebooks en France : bienvenue Amazon Kindle...
Edition : Plutôt AGAK (Amazon Google Apple Kobo) que Lagardère...

(Les écrivains devraient regarder passer le train de l'ebook ?)

Le 8 octobre 2011, Amazon Kindle débarque en France ? Un vrai débarquement pour libérer les écrivains français du carcan de l'édition paralysée par des installés ?

Et la vente des ebooks va tout doucement décoller pour atteindre un premier pic avec le Kindle cadeau de Noël high-tech-littéraire ?

Frédéric Martel, après une émission sur *France-Culture*, début septembre, où il recevait Arnaud Nourry (patron *Hachette Livre* de chez *Lagardère*), a lancé cette date et depuis elle tourne en boucle...

Avec même un Kindle 4 (dernier cri) francisé ?

Au niveau du catalogue en français, je suis bien placé pour savoir qu'il est préparé : mes ebooks sont en vente sur amazon.com

Plus d'informations sur http://www.agak.fr

(Amazon Kindle a finalement débarqué... le 7 octobre 2011)

Cet ebook contient les analyses suivantes :

Le 8 octobre 2011, Amazon Kindle débarque en France ?
Le grand problème de l'édition en France..
Edito 1 : Contexte Lagardère
Edito 2 : Manifeste du livre numérique
Publier cette analyse représente un danger ?

Table

Stéphane Ternoise explore le monde de l'édition numérique dans un ebook qui n'a pas eu besoin de mentir pour plaire à un éditeur. Un livre qui peut balancer la vérité sur les pratiques de ces éditeurs, le cafouillage des lois, les lobbies, les subventions et les grands enjeux du livrel. Stéphane Ternoise est auteur et éditeur indépendant depuis 1991, son expérience et son analyse permettent de comprendre l'évolution du secteur de l'édition, afin de ne pas en être les victimes. Il s'adresse donc aux écrivains, aux lectrices et lecteurs. Il explore les perspectives du milieu littéraire et propose même une solution pour un marché de l'ebook d'occasion. Un livre numérique qui dérangera naturellement des installés et pourrait occasionner un électrochoc dans l'édition française.

173

Le livre numérique, fils de l'auto-édition de Stéphane Ternoise
Dépôt légal à la publication au format ebook.
12 Mai 2011
Version 2 : 11 mai 2012 - Version 3 : 18 novembre 2013

Imprimé par CreateSpace, An Amazon.com Company pour le compte de l'auteur-éditeur indépendant.
livrepapier.com

ISBN 978-2-36541-471-5
EAN 9782365414715

www.ingramcontent.com/pod-product-compliance
Lightning Source LLC
Chambersburg PA
CBHW050109210326
41519CB00015BA/3894